T0283031

El futuro recordado

EL FUTURO
RECORDADO

IRENE VALLEJO

El papel utilizado para la impresión de este libro ha sido fabricado a partir de madera
procedente de bosques y plantaciones gestionadas con los más altos estándares ambientales,
garantizando una explotación de los recursos sostenible con el medio ambiente y beneficiosa para las personas.

El futuro recordado

Primera edición en Penguin Random House: octubre, 2022

D. R. © 2020, Irene Vallejo Moreu
D. R. © Casanovas & Lynch Agencia Literaria, S. L.
Calle Balmes, 209, 5° 2ª, 08006, Barcelona, España

D. R. © 2022, derechos de edición mundiales en lengua castellana:
Penguin Random House Grupo Editorial, S. A. de C. V.
Blvd. Miguel de Cervantes Saavedra núm. 301, 1er piso,
colonia Granada, alcaldía Miguel Hidalgo, C. P. 11520,
Ciudad de México

penguinlibros.com

Penguin Random House Grupo Editorial apoya la protección del *copyright*.
El *copyright* estimula la creatividad, defiende la diversidad en el ámbito de las ideas y el conocimiento,
promueve la libre expresión y favorece una cultura viva. Gracias por comprar una edición autorizada
de este libro y por respetar las leyes del Derecho de Autor y *copyright*. Al hacerlo está respaldando a los autores
y permitiendo que PRHGE continúe publicando libros para todos los lectores.

Queda prohibido bajo las sanciones establecidas por las leyes escanear, reproducir total o parcialmente esta obra
por cualquier medio o procedimiento así como la distribución de ejemplares
mediante alquiler o préstamo público sin previa autorización.
Si necesita fotocopiar o escanear algún fragmento de esta obra diríjase a CemPro
(Centro Mexicano de Protección y Fomento de los Derechos de Autor, https://cempro.com.mx).

ISBN: 978-607-382-096-7

Impreso en México – *Printed in Mexico*

A tanta gente comprometida
que dedica su vida a enseñar.
A quienes, desde escuelas e institutos,
cada día dibujan con tesón
la partitura y la geometría del futuro

Principiantes

Entre todos los comienzos posibles, la tradición europea eligió el 1 de enero para empezar el nuevo año. Quizá porque, envuelto en la niebla o la nieve, el mundo parece en estos días una página en blanco. En otras culturas, sin embargo, esta jornada invernal es solo una más en el collar de los días. Si retrocedemos a nuestro pasado remoto, encontramos un calendario distinto, aún apegado a la vieja naturaleza. En la Roma republicana el año tenía los mismos doce meses de ahora, pero comenzaba en marzo. Nuestro calendario actual lo delata, pues los meses de septiembre, octubre, noviembre y diciembre se llaman así porque ocupaban el puesto séptimo, octavo, noveno y décimo. La primavera delimitaba entonces el paso al tiempo nuevo.

El fin de año es tan solo una convención, pero tiene profundo valor simbólico. Es época de balances: en este gozne anual afloran los recuerdos, los remordimientos y los buenos propósitos. Los romanos personificaban esas emociones en el dios Jano, que ha dejado su nombre al mes de enero —evolución de la palabra *janeiro*, *January* en inglés—. Jano era el patrón de los portales, los umbrales, el amanecer, las transiciones y el lenguaje, que es una puerta al entendimiento. Las estatuas representan al dios con dos rostros, uno vuelto hacia delante y otro hacia atrás, uniendo pasado y futuro. Con su mirada bifronte, esta divinidad —antigua y ambigua— nos recuerda que un final es siempre el lugar donde algo empieza.

Prehistoria de los cuidados

Los arqueólogos contemplan con creciente asombro nuestra prehistoria. Entre los restos humanos de hace doscientos mil años se han encontrado fósiles de adultos con malformaciones óseas, sordera y otras anomalías graves. ¿Cómo pudieron sobrevivir e incluso llegar a viejos? Los análisis revelan que, aunque no podían participar en las cacerías, disfrutaron la misma dieta cárnica de los demás y fueron enterrados respetuosamente. Los expertos concluyen que aquellos homínidos con discapacidad recibieron cuidados especiales desde la niñez para que no quedaran atrás. Cuando fue necesario, el grupo hizo esfuerzos por compensar sus diferencias y sus necesidades.

Las lecturas más descarnadas de la lucha por la supervivencia insisten en nuestra naturaleza competitiva y en los comportamientos despiadados. Pero estos hallazgos prehistóricos demuestran que el afán de proteger estuvo en nosotros desde el principio, incluso en las épocas más implacables. Dentro de la tribu ya existía la solidaridad hacia los dependientes. Hoy, más allá del azar del nacimiento, todos entrelazamos nuestras vidas con un prójimo remoto. El esfuerzo colectivo por crear redes de apoyo, que socorran a extranjeros y desconocidos, no va contra nuestros instintos, solo los ensancha. Porque, en el clan extendido del mundo global, también el otro es uno de los nuestros.

Narcisismo

Se habla de los espejismos que alimentan el amor, pero también es un espejismo creer que no necesitamos a nadie. Así lo relata el mito griego de Narciso, un joven de belleza irresistible y corazón glacial que despreció el amor de la ninfa Eco. Ella adelgazó por la pena hasta convertirse en una voz lastimera, pero antes de desaparecer en el aire, transformada en mera resonancia, pidió que también Narciso conociese un amor imposible. Un día Narciso se inclinó a beber de un río, se vio en las aguas y se enamoró de sí mismo. Cada vez que acercaba la mano, enturbiaba el agua rompiendo la figura que intentaba acariciar. Insensible al resto del mundo, Narciso se dejó morir inclinado sobre su reflejo. En el lugar de su muerte brotó una flor, el narciso, con pétalos blancos alrededor de una corona amarilla, que aún parece flexionar la cabeza sobre el tallo en busca de un espejo para su propia belleza.

Oscar Wilde, que sabía cuánto abunda el narcisismo, escribió una continuación para la leyenda clásica. Cuando Narciso murió, el río donde se miraba sintió que todas sus gotas de agua no eran lágrimas suficientes para llorarlo. "¿Cómo no amarlo? —dijeron las flores de la orilla—. ¡Era tan guapo!". "Pero no era por eso por lo que lo amaba", suspiró el río. "Entonces, ¿por qué?". "Porque, cuando se inclinaba, yo podía ver la belleza de mis aguas en sus ojos".

Mirarse el ombligo (I)

Los seres humanos tenemos la debilidad de creernos el ombligo del mundo. Es un espejismo que domina a las personas y a los pueblos, una curiosa fijación en los habitantes de un planeta esférico. Los antiguos griegos contaban que el dios Zeus, decidido a averiguar dónde estaba el centro de la Tierra, soltó dos majestuosas águilas para que volasen a la misma velocidad desde los dos confines del universo. No hace falta decir que las aves se encontraron en un lugar de Grecia, Delfos, señalado para la posteridad con una piedra ovalada a la que llamaron *Ónfalo* ("ombligo"). Ante esta leyenda, los chinos de aquel tiempo hubieran sonreído con suficiencia, pues llamaban a su país Zhonghuó, que significa "tierra central", por creer, a su vez, que era el ombligo mundial.

Casi todos los pueblos se han creído superiores a los demás y han pensado que su territorio ocupaba la posición central del planeta. Los mapas lo revelan. Desde siempre, quien cartografía el mundo se reserva el centro. De hecho, la proyección cartográfica más utilizada en Occidente durante los últimos cuatro siglos, conocida como Mercator, tiene distorsiones que colocan Europa en el centro y que hacen parecer el norte más grande que el sur. Los planisferios por los que viajamos con los ojos y navegamos con la punta del dedo nos dibujan enormes y centrales, desplegados en un hemisferio norte que ocupa dos tercios del plano y relega el hemisferio sur a un solo tercio. Así que nosotros mismos confirmamos la regla: cada cual cree estar en el centro, y por eso el mundo tiene más ombligos que sesos.

Pasión y distancia

La ansiedad por triunfar ahuyenta el placer y anula el talento. En los campeonatos más importantes, los deportistas, cautelosos para no cometer errores, agobiados por la trascendencia del acontecimiento, parecen perder brillo y alegría.

Hace veinte siglos, el filósofo Epicteto, ciudadano de una civilización que llenaba a rebosar los estadios para vibrar con los espectáculos de competición y lucha, encontró parecidos entre el arte de vivir y el juego de balón. Según el filósofo, el deporte es una metáfora que nos enseña cómo deberíamos combinar la despreocupación y el afán. Nos irá mejor si afrontamos nuestras tareas con empeño y a la vez con cierta ligereza infantil.

"Eso es lo que hacen los que juegan bien a la pelota: a ninguno de ellos les importa la pelota como bien, les importa cómo tirarla y recibirla. Ahí reside la armonía, la rapidez, la maestría". Los grandes jugadores son aquellos que, sin obsesionarse por el balón, entienden la estrategia en su conjunto, inventan jugadas y ceden a otros la emoción de culminarlas. Epicteto concluye que "en nuestras tareas deberíamos tener el anhelo de perfección del más hábil jugador y al mismo tiempo cierta dosis de indiferencia como la que sentimos hacia la pelota". En lugar de tomarnos el deporte cada vez más en serio, tal vez nos convendría llevar a la vida el espíritu de juego.

Beneficio bruto

Las palabras tienen su historia, cambian de significado a medida que las personas cambiamos de idea. Por eso, la evolución de algunos conceptos nos retrata como sociedad. Pienso en un término muy común: *beneficio*. En latín significaba "hacer bien las cosas", ese peculiar orgullo de los oficios manuales de antaño. El esfuerzo del herrero, alfarero o carpintero por conseguir el mejor resultado en cada pieza, sin afán de ganar dinero, competir, destacar o siquiera vender más. Simplemente por placer, por amor al buen trabajo. Me fascina desde niña observar a los artesanos hábiles: los gestos precisos, el ritmo exacto de las manos, el silencio absorto. A ese esmero aludía el antiguo beneficio, que también significaba "protección". Porque las cosas bien hechas cuidan de nosotros.

Con el paso de los siglos, la palabra *beneficio* empezó a expresar algo distinto: el margen de ganancias, la rentabilidad de las inversiones, la diferencia (ventajosa) entre lo que cuesta producir algo y el precio de venta. Así, algunas personas sin escrúpulos lo han transformado justo en lo contrario, en un incentivo para lucrar haciendo mal las cosas: viviendas con materiales endebles, combustibles que contaminan, prótesis peligrosas para la salud, alimentos con sustancias adictivas. Ahí acecha el peligro: la sed de beneficios puede convertirse en maleficio.

El placer de los extraños

Ciertas personas dedicamos muchas horas de nuestra vida al placer desenfrenado. Lo hacemos tumbadas, sentadas, acostadas, ovilladas. En la cama, claro, pero también en otros lugares. A veces boca abajo, a veces boca arriba. Una voz nos susurra al oído y de pronto se esfuma el mundo que nos rodea. Entonces empieza el pausado ritual de las caricias: las manos acarician las páginas del libro; los ojos, las filas de letras. En algunos instantes gloriosos, leer roza la felicidad.

¿Qué secuelas provoca el vicio inconfesable de la lectura? El filósofo Richard Rorty piensa que nos cambia la mente de forma irreversible. Desarrollamos una anomalía llamada ojos interiores. Descubrir a los personajes de una historia se parece a conocer a gente nueva, comprendiendo su carácter y sus razones. Cuanto más diferentes son esos personajes, más nos amplían el horizonte y enriquecen nuestro universo. Según Rorty, la literatura no cambia solo el contenido de nuestros pensamientos, sino también el continente. No lo que percibimos, sino el aparato mismo de percepción: la literatura nos ayuda a construir una nueva capacidad de comunicación con seres diferentes. Gracias a los libros, habitamos en la piel de otros, acariciamos sus cuerpos y nos hundimos en su mirada. Y, en un mundo narcisista y ególatra, lo mejor que le puede pasar a uno es ser todos.

Dinámica del amor

Queremos lo imposible. Si empieza a parecer posible, deja de ser lo que queríamos. Esta es la ley de la dinámica de nuestras pasiones, según el poeta Marcial. Él escribió en el siglo I d. C.: "Me persigues, huyo; huyes, te persigo. Ese es mi carácter: no quiero tu atención, quiero tu rechazo".

Aproximadamente cinco siglos antes, Platón había inventado un mito para explicar nuestra perpetua insatisfacción. En origen, los humanos éramos seres dobles, con dos sexos, con cuatro brazos, cuatro piernas y dos cabezas sobre dos cuellos. Para moverse deprisa, esos seres que fuimos daban volteretas tomando impulso alternativamente con las piernas y los brazos, ocho extremidades en total. Con sus capacidades duplicadas, tenían una fuerza prodigiosa, tanto que se volvieron arrogantes y desafiaron a los dioses. Zeus los castigó cortando a cada uno en dos partes y les advirtió que, si no se corregían, los partiría otra vez y tendrían que ir con la pata coja. Les dio un tajo y luego estiró la piel cortada hacia lo que ahora es el ombligo, como si cerrara una bolsa con cordel. Desde entonces nos sentimos incompletos, lo que nos falta nos duele igual que duele un miembro amputado mucho después de la operación. Cuando creemos reconocer en otra persona algo de nuestra perdida mitad, nos abrazamos a ella, tratando de sentirnos uno, como al principio.

Marcial, sin embargo, diría que esa idea nos gusta precisamente porque es inalcanzable. Según él, si por un milagro encontrásemos a nuestra mitad, no nos fundiríamos con ella: saldríamos corriendo detrás de otra persona más incompatible.

Troyanos

Internet, inventado para encontrarnos y mezclarnos, es un mapa de caminos amplios y murallas frágiles. Junto a la alegría de compartir, sobrevuela nuestras cabezas el peligro de intrusión y las letales infecciones de virus y troyanos.

Los troyanos informáticos aluden a la leyenda clásica. La guerra duraba más de nueve años cuando los griegos, cansados del inútil asedio, decidieron tomar Troya recurriendo al engaño. Ordenaron a su carpintero más hábil construir un gran caballo hueco de madera con una secreta escotilla. Un grupo de guerreros armados se escondió en el vientre del caballo y el resto del ejército zarpó en sus naves hacia una isla cercana donde esperaron ocultos. Los troyanos, creyendo que sus enemigos abandonaban la lucha, metieron el caballo en la ciudad y bailaron y bebieron alrededor para celebrar la paz. Cuando los indefensos habitantes de Troya cayeron dormidos o borrachos, los griegos emboscados salieron a través de la escotilla, asesinaron a los centinelas y levantaron la gruesa tranca que aseguraba las puertas, dejando entrar a sus tropas. En recuerdo de ese engaño, llamamos troyanos (por error, ya que los invasores eran griegos) a huéspedes informáticos que abren las puertas de nuestro equipo a un atacante exterior, brindándole el control remoto del ordenador infectado. Incluso en las más nuevas tecnologías sobrevive la épica antigua.

Patologías del poder

La mecánica del poder esconde inquietantes efectos secundarios. La historiadora y premio Pulitzer Barbara Tuchman escribió que la personalidad de los líderes propende a la vanidad y a veces degenera en narcisismo patológico. En su opinión, el mando produce ceguera, impidiendo pensar con mesura y razón. Intoxicados por las loas de los aduladores, los gobernantes corren el riesgo de caer en la obstinación y negarse a cambiar de rumbo. Y en ocasiones, jaleados por sus colaboradores incondicionales, se enrocan en su torreón o se lanzan a galopar hacia un imposible.

El emperador Calígula era conocido por despreciar los consejos que iban contra sus deseos. Su amigo más influyente, en quien depositó toda su confianza, era un caballo de raza hispana llamado Incitatus, en latín "impetuoso". El animal llevaba collares de perlas y dormía abrigado con mantas de púrpura, símbolo del poder. Calígula le regaló una villa con jardines y un grupo de esclavos a su exclusivo servicio. En un gesto de sarcástico desprecio hacia las instituciones decidió nombrarlo cónsul, la máxima magistratura romana, pero murió antes de realizar la polémica investidura. Desde entonces Calígula, que eligió a un asesor capaz solo de relinchar, es el símbolo de la arrogancia de los gobernantes. Cuando el poder pierde los estribos, lo épico termina por resultar patético.

Primavera

Hay muchas formas de entender el regreso anual de la primavera. Para los griegos representaba el final de un secuestro. Según la leyenda, Deméter, la diosa de la cosecha y del amor maternal, tenía una sola hija, Perséfone. Un día la joven jugaba en un prado con las hijas del Océano, destacando entre todas por su piel sedosa y sus tobillos esbeltos. Perseguía a una mariposa cuando se fijó en un narciso que parecía lanzar destellos amarillos en la extensión verde de la pradera. Sin saber que era una trampa, fue a coger la flor. Entonces se abrió un abismo y de allí salió el Señor de los Muertos decidido a raptarla para que fuera su esposa. Perséfone gritó y luchó por librarse del oscuro abrazo, pero fue inútil.

Deméter oyó su alarido y con la angustia palpitando en los oídos corrió a buscarla. Durante nueve días registró la tierra y el mar, sin comer, sin beber, sin dormir, con un velo negro sobre el pelo del color del trigo. Por fin el Sol le contó lo sucedido. Desolada, la diosa se sentó bajo un olivo ceniciento y juró que no dejaría germinar ninguna semilla hasta el regreso de su hija. Cuando el dios supremo, Zeus, vio que los campos desnudos ya no ondulaban con la mies, ordenó liberar a Perséfone. Pero ya era tarde porque la joven había probado una granada, el fruto del País de la Muerte que es como sangre escarchada. Una antigua ley establece que quien come con los muertos les pertenece.

Zeus decidió que en adelante Perséfone pasaría un tercio del año en la mansión subterránea y después volvería con su madre.

Cuando ella deja el infierno, nosotros salimos del invierno.

Vendedores de humo

En una época que nos empuja a hacer publicidad de nosotros mismos —hay que saber venderse, nos dicen hasta la saciedad—, la modestia parece condenada al fracaso. Sin embargo, en la vorágine de alardes, contoneos y exageración, solo las personas humildes mantienen los pies en el suelo. Literalmente, porque *humildad* viene del latín *humus*, que significa "tierra". En cambio, quienes no pierden ocasión de ponerse por las nubes son a menudo vendedores de humo.

Cuentan que el transgresor filósofo Sócrates construyó su prestigio sobre la aceptación de su ignorancia. Solía repetir: "Solo sé que no sé nada". Un día el oráculo de Delfos afirmó que nadie era más sabio que Sócrates. Para probar que el dios estaba equivocado, el filósofo fue a ver a un político "considerado sabio por muchos y sobre todo en su propia opinión". Pronto se dio cuenta de que aquel hombre no era ninguna lumbrera y se lo explicó amablemente. "La consecuencia fue que me odió", contó Sócrates con irónico candor. Se dirigió a otros personajes convencidos de su gran inteligencia y también le decepcionaron. Entonces comprendió el mensaje délfico: la clave de la sabiduría consiste en admitir cuánto queda por aprender. Pero, aun partiendo de esta premisa, resulta fácil caer en la trampa de la arrogancia: incluso al propio Sócrates le gustaba jactarse de su modestia.

Elogio de la sombra

Cuando ya no pueden defender su inocencia, los corruptos suelen lanzar una acusación colectiva: el sistema funciona así, todos habríais hecho lo mismo en mi lugar. Como última coartada y justificación, extienden la mancha de la sospecha.

El filósofo griego Diógenes dijo que admiraba sobre todo a quienes podrían aprovecharse de su cargo, pero actúan con justicia; y a quienes, teniendo posibilidad de enriquecerse de forma ilícita, no lo hacen. Diógenes era hijo de un banquero acusado de falsificar moneda. Por el delito de su padre, el joven se exilió de su ciudad natal. Desde entonces vivió en Grecia como vagabundo, practicando una pobreza elegida. Se cuenta que paseaba por las calles de Atenas a pleno sol con una lámpara en la mano, en busca de personas honradas. Esto se ha interpretado siempre como un gesto de radical desconfianza hacia la rectitud humana en un mundo presidido por la codicia. Pero podríamos imaginar otra explicación. Al emprender su búsqueda a la luz cercana y frágil del candil, Diógenes pensaba quizá en la bondad oculta de tanta gente discreta que, alejada de los focos, permanece en la sombra. Tal vez el filósofo mordaz quería decirnos que la honradez se encuentra en lugares menos iluminados por el éxito, la ostentación y la arrogancia. Las personas fulgurantes tienen mucho que aprender de quienes trabajan en la oscuridad.

Peligros de ganar

En un mundo dividido entre ganadores y perdedores, nos recuerdan con insistencia las calamidades de la derrota: el barco averiado que hasta las ratas abandonan y el árbol caído del que todos hacen leña. Conocemos de sobra los estragos del fracaso, pero no somos tan conscientes de los riesgos de ganar. Para el sabio chino Lao Tse, las dos situaciones se parecen más de lo que creemos: "El éxito es tan peligroso como el fracaso. Al subir como al bajar un peldaño, la posición es inestable. Solo con los dos pies sobre el suelo mantendrás siempre el equilibrio". Tras una victoria es más fácil que nunca tropezar por creerse infalible.

Cuenta el historiador Tito Livio que el general Aníbal puso de rodillas a las legiones romanas durante la segunda guerra púnica. Atravesó con su ejército los Pirineos y los Alpes en invierno, logró tres triunfos seguidos contra un enemigo que gozaba de superioridad numérica y llegó a las puertas de Roma. En ese momento decisivo, incomprensiblemente decidió dar descanso a sus tropas en lugar de actuar. Al saber que el líder se obstinaba en dejar transcurrir el tiempo, su fiel lugarteniente Maharbal pronunció una frase que se convirtió en leyenda: "Sabes vencer, Aníbal, pero no sabes aprovechar la victoria". Al final, perdida la ventaja y la guerra, incluso sus seguidores abandonaron al vencedor que echaba a perder sus triunfos.

Inseparables

Nuestra agitada conversación parece obligarnos a tomar partido entre bandos opuestos: si queremos más a papá o a mamá, si somos de letras o de ciencias. En un mundo de infinitos matices, esas antítesis artificiales son peligrosas. Nos hacen creer que los alumnos inteligentes no deberían malgastar sus capacidades estudiando humanidades y que, en cambio, las asignaturas de ciencias responden a las necesidades del mercado laboral. Esas falacias arrastran a chicos con buenos expedientes hacia carreras que no les gustan y crean inseguridad entre quienes, contra viento y marea, eligen el itinerario de letras o artes.

La frontera entre ciencias y letras es arbitraria. Para los antiguos griegos solo existía el territorio común del saber y el obstáculo único de la ignorancia. Los primeros filósofos fueron físicos y el gran Aristóteles era biólogo. Los pitagóricos descubrieron el latido matemático oculto en la música y el escritor romano Lucrecio expuso en versos apasionados la teoría de los átomos. El antagonismo actual entre las dos culturas es irreal: necesitamos ecuaciones y poesía. Nadie es más listo por elegir el cálculo o la historia. Las metas de los científicos y los artistas son las mismas: comprender el mundo, derribar prejuicios, hacernos libres. Por eso, deberíamos dejar de tomarnos estas divisiones al pie de la letra y a ciencia cierta.

Infierno

Cuando Sísifo murió, bajó a los infiernos, el reino de la nada. Había ofendido a los dioses y por eso su destino fue desolador. Lo condenaron a empujar eternamente un peñasco enorme hacia lo alto de un monte. Sísifo tenía que obedecer, estaba en un lugar del que no se permite volver. Con las manos en la roca, se tensaba, hacía ese primer esfuerzo para imprimir movimiento que raya en la agonía y empezaba a subir la cuesta. De la frente le goteaba sudor, que se oscurecía por el polvo. Seguía adelante, sus pies se hincaban en la tierra y desprendían piedras, podía oír el repiqueteo. A medida que se acercaba a la cima, temblaba más y más. Llegaba arriba respirando con dolor. Flexionaba las piernas y apoyaba las manos en las rodillas. Entonces sucedía siempre lo mismo: actuaba una extraña succión que hacía caer otra vez la roca, retumbando, hasta la base de la pendiente. Sísifo bajaba para empezar de nuevo, sin pensar ni confiar en nada. Estaba castigado a repetir sin fin una tarea inútil.

Es una leyenda griega sobre el más allá. Recuerda a una pesadilla. Aunque no siempre despertamos de las pesadillas para descubrir que son un mal sueño. La obra oscura del hombre puede hacerlas realidad. "Tenías que bajar al fondo de la cantera, recoger las piedras que habían ido sacando los que trabajaban abajo y, con la piedra cargada al hombro, empezar a subir los ciento ochenta y seis escalones. Subías, dejabas la piedra arriba, volvías a bajar, volvías a cargar, volvías a subir… como una rueda". Lo relata Jesús Tello, de Épila, uno de los primeros españoles deportados al campo de exterminio de Mauthausen.

Síndrome de Ulises

Todas las familias son emigrantes. Cada hogar añora a alguien que salió hacia lo desconocido: abuelos, tíos, hijos o sobrinos. Ante la catarata de discursos xenófobos que nos anegan, entremos en su piel y su angustia: la lucha por la supervivencia, la lejanía de los seres más queridos, las barreras del idioma y el acento, las leyes hostiles, el rechazo racista, la indefensión, la soledad y el fantasma del fracaso.

Los psiquiatras han denominado síndrome de Ulises a los trastornos de salud que padecen los inmigrantes a causa de la ansiedad prolongada. Según los cálculos, en sus manifestaciones extremas afecta a más de cincuenta millones de personas en los horizontes de todo el mundo. Debe su nombre a Ulises, el héroe griego que luchó durante una década en la guerra de Troya y después vagabundeó de costa a costa durante otros diez años. Lejos de Ítaca, afrontó todos los peligros imaginables, invadido siempre por la nostalgia de Penélope y su hijo Telémaco. Perdió el rumbo muchas veces, sufrió agresiones, naufragios, pérdidas, y a menudo pareció que su destino era extraviarse sin remedio. Homero cuenta que la diosa de la inteligencia, Atenea, siempre estuvo de su parte y acudía a infundirle esperanza en sus momentos de desconsuelo. La divinidad más sabia nos diría hoy que atemorizar al inmigrante resquebraja nuestra propia seguridad.

Hasta la bandera

A la luz de la guerra comercial que nos sacude, los estadounidenses han descubierto, para su asombro, que sus emblemáticas botas de *cowboy* se fabrican principalmente en China. Eso significa que los cantantes *country*, representantes de las esencias nacionales, podrían sufrir desabastecimiento de calzado si los aranceles a la importación suben. También de fábricas asiáticas provienen la mayoría de banderas rojigualdas que cuelgan de nuestros mástiles oficiales y balcones privados. Es una paradoja del mundo globalizado: los partidarios del "Nosotros primero" compran sus símbolos patrióticos en negocios deslocalizados. Talleres extranjeros se están especializando en producir en serie nuestros emblemas identitarios.

En realidad, la frontera entre lo genuino y lo importado es de por sí borrosa; la mayoría de símbolos patrios son producto del mestizaje. Los caballos de los indios y vaqueros del legendario *Far West* no eran especies autóctonas, llegaron por primera vez al continente con los conquistadores europeos. El tomate de nuestro gazpacho y la patata de la tortilla hicieron la ruta inversa, de América a Europa. Incluso las naranjas son forasteras entre nosotros: el fruto procede de las zonas tropicales de Asia y la palabra viene del sánscrito. Desde siempre, la apropiación es la norma: incluso en lo más nuestro subsiste la huella de los otros.

Desbocados

A través de la capa de ozono rasgada, el aliento del sol nos seca, nos derrite, nos quema cada vez más. Las advertencias, los pactos y las promesas son un dique frágil frente a nuestra avidez. Presos del inmediato presente, satisfechos con nuestro estilo de vida, renunciamos a proteger el futuro.

Los antiguos griegos anticiparon en un mito esta historia de fuego y sombra. Siendo adolescente, Faetón viajó por primera vez a la mansión dorada de su padre, el Sol. "Hijo mío —dijo el Sol al reconocerlo—, pídeme lo que quieras". Faetón deseó conducir durante un día el carro solar en su ruta celeste. Era un capricho peligroso, pero Faetón, testarudo, soñaba con dominar el cielo a su antojo. Al amanecer, el joven montó en el carro tirado por caballos de aliento llameante. Salieron por las puertas de oriente, rasgando las nubes a su paso. Pero con las primeras sacudidas se desbocaron y Faetón perdió las riendas. El astro se aproximó demasiado a la tierra y al instante los bosques ardieron, surgieron desiertos, los peces buscaron refugio en lo profundo del mar. Faetón se precipitó y murió. En medio del páramo calcinado, sus hermanas lo enterraron llorando por su destructiva arrogancia. La pena transformó a las jóvenes en álamos: todavía hoy, cuando el viento acaricia las hojas plateadas de esos árboles, parecen sollozar por Faetón, por la tierra, por nosotros.

La batalla por las leyes

Había una vez un mundo sin leyes, donde la voluntad de jefes tribales, caudillos y nobles era la única fuente del derecho. Pero hace dos mil quinientos años empezó en la antigua Roma una dura batalla para lograr que las leyes fueran iguales para todos. Los esclavos y plebeyos se negaron a obedecer las órdenes de los magistrados, todos patricios, y fundaron su propia ciudad en el Monte Sacro. Desertaron del ejército y dejaron a los aristócratas plantados en sus mansiones, con las cocinas vacías y los suelos sin barrer. Por una vez —algo insólito— eran los pobres quienes querían independizarse de los ricos. Pusieron una condición para regresar: las leyes debían ponerse por escrito, al alcance de todos. Querían tocar con la yema de sus dedos los trazos de esas deseadas frases en piedra que garantizarían reglas del juego iguales para cada cual, al margen de su cuna o fortuna. Tras décadas de lucha, los revolucionarios lograron su objetivo: los códigos escritos se convirtieron en una herramienta para controlar a las autoridades. Siglos más tarde, Cicerón, filósofo y político, escribiría: "Somos esclavos de la ley para poder ser libres". El pensador romano, que conoció el convulso fin de la república, sabía que sin leyes públicas y compartidas los derechos no son más que papel —o papiro— mojado. Y en ese vacío no somos más libres, sino que volvemos a ser súbditos de la arbitrariedad de los poderosos.

Instrucciones para reír

Aristóteles decía que el hombre es el único animal que ríe. Y riendo conocerás lo que vale cada uno, al menos eso pensaba un poeta inglés del siglo XVII, John Donne. ¿Cómo? Muy sencillo. Sabrás que es una persona si se ríe; que es inteligente si sabe de qué reír; y que es valiente si se atreve a reírse.

Casi podría decirse que existe un arte de la risa. Para quien quiera practicarlo, el poeta romano Ovidio escribió un breve manual de instrucciones. "Aprende a reír —recomienda—, quien sabe hacerlo tiene mucho encanto". Su primer consejo es que la abertura de la boca sea moderada. Si es posible, que salgan hoyuelos a los lados, eso siempre favorece. Entrénate para que el borde de los labios oculte el nacimiento de los dientes y evita enseñar las encías. Mejor si la carcajada no sacude demasiado tu cuerpo ni te tuerce la boca, no conviene parecer trastornado. Favorece la risa que no desfigura. El secreto consiste en irradiar alegría sin espasmos ni ahogos, que nadie pueda confundirse creyendo que lloras o te atragantas. También merece la pena dedicarle atención al sonido. Debería fluir con suavidad de tu boca, ni ronco ni entrecortado. Que no suene como un rebuzno. Dale una música íntima, un tintineo agradable que no se oiga desde lejos, que tenga el aire de una confidencia. El último aspecto importante es la distancia. Si tienes un olor de boca fuerte, nunca te rías en ayunas y procura siempre distanciarte discretamente de los que te hablan. En resumen, piensa que con tu forma de reír puedes atraer o ahuyentar al prójimo. Hay que tomarse en serio la risa.

Cerebros seducidos

La belleza nos ciega. Según los psicólogos, tendemos a pensar que las personas atractivas son además inteligentes y dignas de confianza. Si nos gusta el aspecto físico de alguien, proyectamos esa aprobación a toda su personalidad. A consecuencia de este espejismo, conocido como efecto halo, nos fiamos de los bellos famosos que recomiendan productos y dietas, incluso cuando avalan estrafalarias teorías pseudocientíficas. Industrias millonarias, como la alimentaria o la cosmética, se aprovechan de este sesgo cognitivo para empujarnos a gastar dinero en belleza o salud con dudosos resultados.

Ya los antiguos griegos se dejaban deslumbrar por el aura de los cuerpos hermosos. En Atenas se hizo famosa Friné, una modelo que posó para los mejores escultores. Se cuenta que fue acusada de un delito grave y su abogado, uno de los oradores más prestigiosos del ágora, no logró convencer de su inocencia al jurado popular. A la desesperada, probó un golpe teatral: arrancó la túnica de Friné para exhibirla desnuda ante el tribunal, preguntando si una mujer tan bella podía mentir. Con ese peregrino argumento, consiguió su absolución por unanimidad. Quizá nos conviene practicar un sano escepticismo ante lo que afirman las bocas hermosas: confiemos en los verdaderos expertos y recordemos que los consejos de las celebridades pueden ser descerebrados.

Más que palabras

Aprendemos la lengua materna siendo muy pequeños, recién llegados al mundo. Sin embargo, las palabras que empezamos a decir con torpe lengua de trapo son muy antiguas, algunas milenarias, y en su historia esconden significados ocultos y sorprendentes. Cada mañana, dejamos a los niños en los colegios para que aprendan y estrenen los viejos nombres de las cosas. Lo hacemos como un acto cotidiano, sin ser conscientes de su auténtica dimensión. Esta época otorga mayor importancia a la política o la economía, y vivimos más pendientes de gobiernos y cargos que de esos pequeños milagros escolares.

Sin embargo, el término *ministro* deriva del latín *minus*, es decir, "menos". El ministro, según nuestros antepasados, es quien se ocupa de las minucias, o sea, de administrar asuntos menores, más incordiantes que esenciales. En cambio, lo fundamental, lo que realmente importa, lo más —en latín *magis*— es la tarea del *magister*, del maestro. Para los clásicos, había más grandeza en enseñar que en gobernar. Sabían que la educación es, más que ningún otro oficio, el territorio donde soñamos y creamos el futuro. Una profesión que merece el más alto prestigio y la mayor gratitud. Deberíamos preguntarnos qué valoramos más como sociedad, quiénes son encumbrados por la fama y los medios. Las etimologías responden: pasar de un ministerio a una escuela supone un ascenso.

Inconformistas en serie

En nuestro mundo globalizado, homogéneo y gregario, nos cautiva la figura del rebelde. Tenemos una larga lista de iconos subversivos: Robin Hood, Don Juan, Bonnie & Clyde, el Che, James Dean, Amy Winehouse, Lisbeth Salander. El padre de todos ellos es el titán Prometeo, que, según la mitología griega, robó el fuego del Olimpo para entregarlo a los mortales, desafiando todas las prohibiciones y amenazas divinas. Zeus, el jefe de los dioses, lo encadenó a una roca donde todas las mañanas un águila le roía el hígado, que volvía a crecer durante la noche. Siglos más tarde, "el nuevo Prometeo", el famoso doctor Frankenstein imaginado por Mary Shelley, desafiaría el mayor tabú: la frontera entre la vida y la muerte.

Románticos empedernidos, nuestra fascinación por los rebeldes desencadena hoy anomalías y contradicciones. Líderes que aspiran a ser al mismo tiempo sistema y antisistema, gobierno y revolución. Políticos díscolos que intentan internacionalizar el nacionalismo. Mensajes publicitarios que transforman la rebeldía en un cliché para vender mejor sus productos. Camisetas estampadas en serie con frases inconformistas y recetas de transgresión fácil. No nos dejemos engañar: la subversión no puede ejercerse desde el poder ni convertirse en marca o mercancía. Desconfiemos de quienes pretenden que seamos rebeldes siguiendo sus instrucciones.

Días volcánicos

Se ha desatado una nueva fiebre: el espectáculo de las malas noticias. Tensos, impacientes y fascinados, nos conectamos minuto a minuto a la retransmisión desde el borde del precipicio. Cada vez es más difícil pensar, hablar, trabajar y dormir en calma. A través de los móviles y ordenadores, obtenemos dosis instantáneas de catástrofe. Consumimos la actualidad como las temporadas veloces de una serie adictiva. Tras el hartazgo de posverdad, fervor y plazas abarrotadas, no es extraño que suframos una sed atrasada de monotonía política.

La democracia nació lejos de este frenesí vertiginoso y de la actual obsesión por las novedades. En la antigua Atenas, seis mil ciudadanos eran convocados a la asamblea no menos de cuarenta veces al año para deliberar y votar. Se sentaban al aire libre en un duro graderío excavado en piedra caliza. A menudo los asuntos debatidos no eran vibrantes: alcantarillas, multas, impuestos sobre el ganado o el heno. La clave de aquel experimento político era la calidad de la conversación colectiva. Su ideal consistía en solucionar los problemas de forma apacible, diluyendo las emociones exaltadas en las aguas mansas del razonamiento. La audaz aportación ateniense fue un sistema que funciona mejor cuanto menos apasionante resulta. Aquellos griegos sabían apreciar los buenos tiempos de la democracia aburrida.

Ni tanto ni tan calvo

Si ya es doloroso no ser más guapos de lo que somos, todavía más duro es perder atractivos. Por ejemplo, pelo. Donde antes estaba uno a cubierto, de pronto la intemperie. Los lamentos de quienes se quedan sin cabello resuenan ya en el pasado más lejano. Ovidio escribió un poema donde la amada llora por su melena, abrasada al querer rizarla con unas tenacillas al rojo. Una peluca era la solución para penurias capilares. A las romanas les encantaba el pelo rubio de las germanas y el de color negro ébano importado desde la India. La naturaleza es benévola con las mujeres, medita Ovidio, porque les da medios para reparar estos daños; nosotros en cambio nos vamos descubriendo sin remedio y caen nuestros cabellos arrancados por la edad como las hojas sacudidas por el viento.

Los hombres tuvieron que discurrir sus propios trucos. Se cuenta que Julio César pidió permiso al Senado para llevar en su cabeza una corona de laurel y así disimular su calvicie. Marcial describe otra técnica de camuflaje: "Recoges tus escasos cabellos y cubres la extensa llanura de tu calva con los rizos de tus sienes. Pero, impulsados por el viento, retroceden y vuelven a su sitio, rodeando tu cabeza desnuda con grandes mechones. No hay nada más paradójico que un calvo con melena". Un filósofo y astrónomo llamado Sinesio se atrevió a defender hace más de mil quinientos años un cambio en los cánones de belleza, afirmando que los calvos son los hombres más sanos y guapos. Según él, una calva es como la superficie perfecta de un planeta vuelta hacia sus hermanos en el firmamento. Y que se peinen los feos.

Palabras que curan

Somos seres sedientos de palabras. De las palabras que alivian, que extinguen el miedo, que calman. En todas las épocas hemos buscado en ellas la curación de nuestras turbulencias anímicas. Homero las llamaba "aladas palabras", captando el poder liberador de ese vuelo acústico de nuestros pensamientos. Hace dos mil quinientos años el orador griego Antifonte tuvo una idea novedosa. En el ejercicio de su profesión se había dado cuenta de que los discursos, si son efectivos, pueden actuar sobre los demás, conmoviendo, alegrando, apasionando, sosegando. Entonces inventó un método para evitar el dolor y la aflicción comparable a la terapia médica de los enfermos. Abrió un local en la ciudad de Corinto y colocó un rótulo anunciando que "podía consolar a los tristes con discursos adecuados". Cuando acudía algún cliente, lo escuchaba con profunda atención hasta comprender la desgracia que lo afligía. Luego "se la borraba del espíritu" con conferencias consoladoras. Usaba el fármaco de la palabra persuasiva para curar la angustia y llegó a hacerse famoso por sus razonamientos sedantes, nos dicen los autores antiguos.

Después de él otros filósofos afirmaron que su tarea consistía en "expulsar mediante el razonamiento el rebelde pesar", pero Antifonte fue el primero que tuvo la intuición de que sanar gracias a la palabra podía convertirse en un oficio. También comprendió que la terapia debía ser un diálogo exploratorio.

La experiencia le enseñó que conviene hacer hablar al que sufre sobre los motivos de su pena, porque buscando las palabras a veces se encuentra el remedio.

Pelillos a la mar

En la era de los pactos, la lógica de las campañas electorales es esquizofrénica. Los candidatos deben competir primero para luego colaborar. Un día claman que sus adversarios son los jinetes del Apocalipsis y al siguiente necesitan hacer manitas con ellos. Durante meses se atacan en todas las lenguas oficiales del país, pero al final toca hablar el idioma de los requiebros en la intimidad. Tras las votaciones, pelillos a la mar —aunque no sea un monumento a la coherencia—.

Olvidar los agravios como si se los llevase la corriente: ese es el sentido de esta curiosa expresión capilar. Al parecer nació entre los niños andaluces, que hacían las paces cortándose pelillos y lanzándolos a las olas. Curiosamente, el primer ejemplo de esta ceremonia de reconciliación figura en la *Ilíada*. Griegos y troyanos lucharon durante nueve años a causa de una ofensa personal entre sus líderes. Hartos de jugarse el pellejo por riñas ajenas, decidieron que Paris y Menelao resolviesen sus ofensas en un duelo personal, mientras los demás combatientes brindaban por la paz. Para celebrarlo, cortaron unos mechones y los intercambiaron junto al mar; así los peludos guerreros escenificaban lo poco que importa quién tiene más larga la melena. Hoy, extintas las mayorías absolutas, ya solo se gana o se pierde por los pelos. Y no hay más remedio que raparse el orgullo.

La máquina lenta

Estamos enamorados de la velocidad. En la era digital de los nanosegundos, nos deslumbran las conexiones instantáneas, los procesadores vertiginosos, el milagro de oprimir una tecla y comunicarnos de inmediato a través de inmensas distancias. Pero toda esa tecnología rápida y fabulosa es hija de una máquina que trabaja despacio: el cerebro. Y es precisamente su lentitud la que lo hace tan refinado. Las ideas que sustentan nuestra racionalidad necesitan tiempo y sosiego para desarrollarse. Solviantada por la prisa, la mente es menos sutil, menos eficaz, menos certera.

Cuentan que uno de los personajes más astutos y atareados de la antigua Roma, el emperador Augusto, solía repetir la frase *Festina lente*, que significa "apresúrate despacio". Quería decir que conviene caminar despacio si queremos llegar lo antes posible a un trabajo bien hecho. Según varios historiadores, utilizaba esa máxima a menudo en sus conversaciones y solía incluirla en su correspondencia. Los neurólogos contemporáneos dan la razón a Augusto: nuestros mecanismos mentales de respuesta rápida son ancestrales, impulsivos y poco elaborados; mientras que la capacidad de razonar ha madurado en una larga evolución. Apreciemos los ritmos sosegados, pues la velocidad es instintiva, pero hemos necesitado milenios y milenios de selección de la especie para llegar a ser lentos.

El pasado entre paréntesis

Las discusiones familiares son un género triste de conversación en bucle. Bordean lo terrorífico cuando una de las partes se lanza a desgranar la lista de agravios. Cuando hacen su irrupción esos tercos malentendidos de riñas anteriores. Cuando nos embarramos con lodos antiguos. Cuando presentimos que el nuevo desacuerdo entrará a engrosar un viejo inventario.

Entre regiones, países y religiones surgen esos mismos resentimientos históricos que se enquistan e impiden entablar diálogo. Así lo entendió hace veinte siglos el griego Plutarco, gran viajero, filósofo, biógrafo y ocasional embajador. En uno de sus ensayos avisa del peligro que representan los gobernantes obcecados en alimentar los rencores de su pueblo como fuente de poder y privilegio. Allí nos deja una reflexión de impecable actualidad: "La política se define precisamente como el arte de sustraer al odio su carácter eterno". Es decir, que el ayer no prevalezca sobre el presente ni lo ponga en peligro. Porque muchas veces debemos colocar el pasado entre paréntesis simplemente para empezar a hablar. La memoria es valiosa, pero en ocasiones resulta aún más necesario obviar el historial de abismos. Toda negociación se esfuerza por fabricar caminos allí donde otros abrieron trincheras. En la vida privada como en la pública, las recriminaciones inagotables son agotadoras.

Nudo en la garganta

Hablar en público es un ejercicio aterrador para la mayoría de la población. Músculos tensos, sudor frío y mente en blanco son los síntomas que acompañan a este pánico cotidiano. Los psicólogos le dan un nombre griego: *glosofobia*. Una encuesta del Instituto Nacional de Salud Mental reveló que el terror a tomar la palabra ante una audiencia numerosa ocupaba el primer puesto entre las fobias de los norteamericanos, por delante de la muerte, las arañas y la oscuridad. Según este estudio, en un funeral los asistentes preferirían ocupar el puesto del difunto antes que pronunciar el discurso elegíaco.

Los más tempranos maestros de elocuencia fueron los sofistas griegos. Su trabajo nació a la par que la democracia, cuando por primera vez en la historia los ciudadanos tuvieron voz para intervenir en la asamblea. Del filósofo Sócrates nos cuentan que procuraba inmunizar a sus discípulos contra el miedo escénico. Preguntaba: ¿por qué tener miedo de hablar ante un grupo cuando no nos asustarían de uno en uno? La oratoria, con sus técnicas de respiración, sus debates y sus guiones, fue en origen un hallazgo revolucionario de nuestros antepasados demócratas, que la incluyeron en sus programas educativos. Su herencia permanece entre nosotros: la palabra bella y razonada no es un adorno lujoso, sino la cadena que engarza una sociedad de personas libres.

46

Ciudadano viento

El viento es el embajador de lo invisible. Nos azota, nos despeina, nos inclina, nos lanza arena a los ojos, pero escapa a nuestra mirada. Bajo sus soplos, un universo quieto se pone en movimiento. Los habitantes de regiones ventosas sabemos de su espíritu fantasmal cuando crujen los árboles de la calle, vibran las ventanas como temblando de miedo, se escuchan gemidos bajo las puertas y los portazos suenan como disparos. Raymond Chandler dedicó un relato al viento rojo de California que "baja por los puertos de montaña, te revuelve el pelo, te pone los nervios de punta y la carne de gallina; en madrugadas así las juergas acaban siempre en peleas y las mujeres pacíficas palpan el filo del cuchillo".

Se cuentan también viejas historias sobre cielos protectores y aires benévolos. El griego Pausanias, viajero y escritor, relata una anécdota asombrosa sobre la ciudad de Turios, en la actual Calabria. Hace veinticinco siglos, sus habitantes concedieron la ciudadanía al viento del norte porque gracias a él se hundió una flota enemiga que llegaba para atacarlos. Como recompensa, lo incluyeron en el censo y le cedieron una casa con viñas y terrenos de labranza. Igual que Turios, algunas ciudades viven inesperadas historias de amor con sus cierzos, tramontanas o sirocos. Tal vez por eso *beber los vientos* significa "enamorarse".

Interregno

Somos incertidumbre. En esta época de corrientes turbulentas, los islotes de estabilidad se desdibujan en la bruma y, entre inaplazables emergencias, el poder político se instala en un tiempo de interminable paréntesis. Nuestros antepasados romanos inventaron una palabra que describía estos periodos de intervalo sin certezas: *interregno*. En la república de la antigua Roma, cuando no había gobierno, los senadores elegían a uno de sus miembros como *interrex* —o sea, rey interino— durante cinco días. Al cabo de ese plazo, los poderes se transmitían a un segundo *interrex*, y así iban rotando hasta que aparecía un candidato con suficientes apoyos. El sistema garantizaba que nadie sacara provecho de las transiciones indecisas para caciquear sin control.

El sociólogo Zygmunt Bauman define la actualidad con esa misma palabra latina. Las fórmulas del viejo mundo no funcionan ya, pero todavía no hemos encontrado la nueva manera de organizarnos. Flotamos en un vacío entre las reglas que ya no sirven y las que aún tenemos que imaginar. Lo que solía ser sólido se ha vuelto permanentemente provisional. El trabajo precario, los alquileres volátiles en subida libre, las relaciones virtuales, la fugacidad del voto, los amores líquidos, la obsolescencia programada y las largas adolescencias parecen demostrar que, en la era del interregno, solo dura lo interino.

Islas del tesoro

Lo pequeño es hermoso. No recuerdo cuándo empecé a amar los libros, pero la primera biblioteca que conocí permanece nítida en mi memoria. Era una casita minúscula de madera, con aire de reloj de cuco, situada en el gran parque de todos los veranos. Bajo su tejado a dos aguas había una habitación siempre en penumbra y varios anaqueles donde reposaban mis tebeos favoritos en mansas hileras. Por aquel tiempo, las vacaciones parecían infinitas y yo buscaba los libros como una náufraga perdida en aquel océano de tiempo. Desde entonces me fascinan las modestas bibliotecas de los barrios y los pueblos, esos cofres del tesoro al alcance de todos y cerca de cada uno.

Las grandes aventuras empiezan casi siempre en lugares remotos. El poeta hispano Marcial fue uno de los primeros escritores de la periferia del Imperio que logró triunfar en la capital romana. Se crio y vivió hasta los veinte años en nuestra querida Celtiberia, lejos de la gran urbe. El investigador Lionel Casson cree que en su tierra natal, Bílbilis, la actual Calatayud, debió de existir hace veinte siglos una pequeña biblioteca pública donde el joven educó su asombroso dominio de la lengua latina. Imagino allí a un anónimo bibliotecario que ensanchó los horizontes del futuro escritor alimentando su apetito de palabras. Porque Marcial, para llegar lejos, necesitó tener libros cerca.

La madre forastera

El *Homo sapiens* se extendió en una larga y dramática emigración desde África hacia Europa y Asia, desplazando a otros humanos que poblaban esos territorios. Afirman los expertos que los europeos llegados de tierras africanas fuimos negros durante la mayor parte de nuestra historia. Por otro lado, los neurocientíficos advierten que nuestra especie emigrante ha desarrollado un cerebro xenófobo. En el remoto origen de las relaciones sociales, nuestros antepasados vivían en grupos pequeños; se querían y ayudaban entre ellos, pero recelaban de los extraños que pertenecían a otras tribus. Esa es la respuesta primitiva de la mente humana: cuidar de los nuestros, rechazar a los de fuera.

La historia de la primera Navidad ilustra esos instintos. Según la versión de Lucas, nadie en Belén ayudó a la forastera embarazada que ya sentía el dolor de las primeras contracciones. En la posada llena de huéspedes no se compadecieron de la parturienta. Ningún hogar abrió las puertas a una desvalida viajera a punto de dar a luz. Desde entonces, aquel pueblecito simboliza un cambio histórico, y los pesebres que adornamos con luz y musgo en estas fechas son un revulsivo contra la indiferencia, una apuesta evolutiva por la hospitalidad. No olvidemos las contradicciones que nos definen: nuestros genes son, a la vez, racistas y extranjeros.

Arrugas

Ser joven no es lo mejor. Lo mejor es pensar años después en cuando éramos jóvenes. Nostálgicos impenitentes, recordamos cómo nos divertíamos entonces, añorando aquella despreocupada libertad. Y se nos olvidan las horas de angustia, el rumbo confuso de la vida, el desconsuelo profundo de las primeras decepciones, las fragilidades, el miedo a no gustar. El filósofo Aristóteles, que no idealizaba los veinte años, escribió que la perfección del cuerpo se alcanza a los treinta y cinco; y la del alma, a partir de los cincuenta.

En esta época de desmedido culto a la juventud, vivimos fascinados por la piel lisa y angustiados por la calvicie o la celulitis. Nos sentimos culpables por los rastros de la edad en nuestro cuerpo, como si envejecer fuese un fracaso y no una necesidad natural. El atractivo se vende envasado en tintes y cremas, plastificado en inyecciones e implantes. A pesar del terror que inspiran los quirófanos, crece la obsesión por cirugías que prometen borrar los surcos de la carne y recuperar su tersa adolescencia. Hace más de veinticinco siglos, Confucio citó unos antiguos versos chinos que celebraban la hermosura del tiempo. El poeta recuerda a una mujer y evoca con deseo "las bellas arrugas producidas por su elegante sonrisa". Hoy parecemos ignorar que puede haber amor donde no hay belleza y que puede haber belleza donde no hay juventud.

Esta juventud

En todas las épocas se ha dicho: "Esta juventud... ¿Adónde vamos a parar?". Luego la juventud va a parar a la edad madura y dice lo mismo sobre sus hijos o sobre los hijos de los demás. Estos reproches cíclicos remontan al pasado más lejano. Los problemas generacionales siempre han sido una cuestión candente.

Aristófanes critica en una comedia la educación de los "pelilargos modernos" que llaman anticuados a sus padres. Platón escribió que los jóvenes de su época amaban el lujo, tenían manías y despreciaban la autoridad, respondiendo a sus padres, cruzando las piernas y tiranizando a sus maestros. Para completar el cuadro, añadió: "Ningún joven puede estarse quieto ni de cuerpo ni de lengua, sino que grita, brinca, salta y baila con placer dando voces". Conservamos los reproches de un escriba del antiguo Egipto contra un estudiante: "Vas de taberna en taberna. El olor de la cerveza alcanza a cuantos se te acercan. Pasas tu tiempo junto a jovencitas, tamborileas en tu vientre, vacilas, te caes al suelo. Eres un timón torcido en la barca que no se decide por ningún rumbo". En una sátira del romano Persio, un joven duerme después de una juerga: "Ya entra por las ventanas la claridad del día y aún roncas. Son las once. Vamos, ¿qué haces? Bostezas excesos de ayer con las mandíbulas descosidas. No te preocupa adónde te llevan los pies y vives al capricho".

Hace muchos siglos que los adultos tienen la sensación de que transigen demasiado. No acabamos de saber lo que falla. Lo único seguro es que los jóvenes de nuestra época nos parecen más difíciles que nunca. Como siempre.

Medicina mágica

Las enfermedades llegan callando, como sombras o como sueños. Quizá por eso hubo pueblos que buscaron la salud en sus sueños o en su sombra.

Los antiguos griegos creían que, si un enfermo se purificaba con un baño en el mar y acudía a dormir una noche en el santuario de Asclepio, recibía soñando la visita del dios. Entonces oía de su boca el tratamiento que debía seguir para recuperar la salud. Un devoto de Asclepio describió así la aparición del dios en medio de un claro ensueño: "Me parecía poderlo tocar casi y percibir su llegada, estar a medias entre el sueño y la vigilia, quererlo ver y sentir la angustia de que se fuera antes de que pudiera hacerlo, tener atento el oído y escucharlo. Mis cabellos se erizaban". Sin embargo, no había que temer. El dios de la medicina, según nos dicen, se mostraba sonriente, plácido, casi campechano y bromeaba con los enfermos que lo soñaban mientras les hacía sus prescripciones. La fe en el poder del dios servía de impulso a la voluntad de vivir del paciente.

Más asombroso todavía es un ritual curativo de los etíopes coptos que explica el escritor Álvaro Cunqueiro, coleccionista de curiosidades médicas. Los etíopes creían que las sombras tienen las mismas enfermedades y en la misma parte que sus dueños. Por eso, pensaban, operando sin dolor la sombra de un enfermo, actuando y cosiendo sobre ella, quedaba curado el cuerpo.

Hoy en día no podemos compartir esas creencias sobre salud, sueños y sombras. Pero en bata de enfermos todos hemos sentido que la salud es un estado asombroso, hecho del material del que se tejen los sueños.

Amado monstruo

¿Qué papel juega la belleza en el nacimiento del amor? ¿Es un requisito necesario o una cualidad sobrevalorada? ¿Quién ama la fealdad? Estas cuestiones laten, llevadas al extremo, en el argumento de clásicos populares como *El fantasma de la Ópera*, *El jorobado de Notre Dame* o *King Kong*. Mucho antes, encontramos estos mismos interrogantes planteados en el cuento *Riquete el del copete*, de Perrault.

Érase una vez una reina que dio a luz a un niño muy feo, aunque divertido y listísimo. Para consolar a la afligida familia, su hada madrina regaló al pequeño Riquete el don de volver inteligente por arte de magia a quien quisiera. Años después nació en un país vecino una princesa bellísima, pero tonta de remate. En la juventud los dos se conocen, comparten la tristeza por sus carencias inversas y se enamoran. Sin embargo, cuando Riquete usa el poder mágico del hada para volver lista a la chica boba, ella empieza a tener más éxito, su vanidad se infla y ya no encuentra atractivo a su novio feo. Riquete se queja amargamente de que la princesa lo quisiera más cuando era tonta. En esta fantasía traviesa, Perrault insinúa que enamorarse es cosa de idiotas y locos iluminados capaces de transformar la realidad con su mirada amante. Gente ilógica, disparatada y audaz, que descubre la belleza no donde otros creen, sino donde cada uno la crea.

Salir del armario

En todas las casas solía haber un lugar donde guardar armas: el armario. Con el paso de los siglos, el mueble se volvió cada vez más inofensivo. Esa evolución es la crónica del desarme doméstico y del salto civilizatorio al monopolio estatal de la violencia. Hoy algunos quieren regresar a un pasado de autodefensa, cuando los armarios no contenían solo ropa, sino instrumentos para disparar a quemarropa.

El historiador griego Tucídides cuenta que los atenienses fueron los primeros que renunciaron a llevar armas encima, y esa decisión inauguró una nueva forma de convivir. Los ciudadanos de ese Estado visionario protegían así la conversación democrática, pues el debate público solo admitía la contundencia de las palabras. Uno de los principios de la escuela pitagórica decía: "Deja que las leyes gobiernen solas; cuando gobiernan las armas, matan la ley". Los romanos llevaron aún más lejos estas garantías: portar armas dentro del perímetro urbano era un sacrilegio, y ni siquiera el ejército podía entrar con su armamento en la capital. Algunos individuos sanguinarios desafiaban la norma, escondiendo puñales entre los pliegues de sus túnicas. Del nombre en latín de esas dagas ocultas e ilegales, *sicae*, deriva la palabra *sicario*. Los antiguos nos enseñaron que una ciudad es verdaderamente fuerte cuando la violencia no habita sus calles.

Por el ojo de una aguja

Nadie llama inmigrante a un futbolista extranjero de sueldo millonario. Ni a un ejecutivo de otro país fichado por una empresa nacional. No tenemos problemas con los forasteros, sino con la pobreza. Ante el dinero suelen abrirse las fronteras, mientras que los desamparados llevan vidas apátridas incluso en su tierra natal.

Aporofobia, el neologismo creado por la filósofa Adela Cortina para dar nombre a la aversión a los pobres, fue elegida palabra del año, en 1917, por la Fundación del Español Urgente. A la intemperie del miedo, aumentan los defensores de excluir, en lugar de arropar, a los más vulnerables. Aunque todos somos frágiles, en este mundo del dar y recibir molestan quienes en apariencia poco pueden ofrecer: los refugiados, los gitanos, los sin techo. Es un problema muy arraigado, y aún sin resolver. La antigua democracia ateniense ya hizo buenos propósitos, solo en parte cumplidos. En un famoso discurso, Pericles dijo: "Entre nosotros, la riqueza representa la oportunidad de actuar, y no una excusa para ser soberbios". A diferencia de las oligarquías, aquel proyecto político se basaba en no avergonzar a los pobres, sino en contar con ellos. Pero, veinticinco siglos después, las desigualdades siguen siendo heridas silenciosas del sistema democrático. Y muchos buscan argumentos para desentenderse ricamente de la pobreza.

Los dátiles del olvido

Los científicos afirman que han encontrado un compuesto químico que permite borrar los recuerdos de forma más eficaz que el propio paso del tiempo. Al parecer, ya es posible eliminar de la memoria, sin dañar las neuronas, todo rastro de experiencias dolorosas de manera específica y controlada. Nos ofrecen olvido a voluntad.

Olvidar es tentador, como ya sabía Homero, que lo relató en un episodio de la *Odisea*. Ulises y sus compañeros navegan de regreso a su patria después de luchar durante diez largos años en la guerra de Troya. Un día desembarcan en una isla desconocida y algunos marineros son enviados a reconocer el terreno. Allí encuentran un pueblo pacífico que los acoge y les ofrece compartir su comida. Se alimentan únicamente del fruto de una planta exquisita, el árbol del loto. Sabe a higos silvestres y a dátiles. Quien ingiere su deliciosa pulpa cae en un placentero olvido. Se desliga de todo lo vivido y pierde la conciencia de quién es, de su origen y de su rumbo. Deja de vivir con el recuerdo del pasado como arnés de su ser. Después de comerlo, los griegos se niegan a hacerse a la mar. Están paralizados por una anestesia dulce de sabor azucarado. Lo único que desean es quedarse donde están, sin proyectos ni ataduras, sin volver al hogar. A pesar de su llanto, Ulises los obliga a embarcarse y ordena zarpar. Para él, olvidar es sencillamente desertar. Piensa que no hay más que una forma de vivir, en reciprocidad, acordándose de sí mismo y de los demás. Homero cree que necesitamos recordar para ser recordados. Y a todos nos gustaría ser inolvidables.

Elefantes en Numancia

Numancia se perfila en el horizonte. Diez elefantes van a cargar contra la muralla, son animales de combate entrenados para hacerlo. Los han traído desde el norte de África en barco. A bordo sufrieron angustia porque el suelo se movía y la náusea les doblaba las rodillas. Cuando llegaron a tierra firme, moribundos y sin fuerzas, empezó la marcha. Era un convoy largo, tropas y animales. A su paso por las poblaciones les daban forraje, pero a menudo soportaban hambre. Se adentraron en una región donde las noches eran frías como el metal. Conocieron los cerros rojos y la luna morada de la Celtiberia. Integrados en las fuerzas legionarias romanas, prepararon el ataque a la pequeña ciudad rebelde en el páramo amarillo.

Suena la señal, se abren las filas de soldados y los elefantes avanzan. Lanzan bramidos, despliegan las orejas que ondean como enormes banderas de guerra, causan espanto. Sobre cada una de esas moles de guerra cabalgan dos guías. La primera arremetida hace retumbar el muro. Pero desde lo alto los defensores arrojan una gran piedra que hiere el cráneo de un elefante. Enloquece al instante. Un lienzo de sangre le vela los ojos tiñendo de rojo su visión. Trastornado por el dolor, da media vuelta y arrolla a los asaltantes. La furia se transmite a los demás elefantes, que pisotean, aplastan y lanzan por los aires a los suyos. Los numantinos contratacan matando a varios miles de romanos. Después de una caótica retirada, los planes cambian. Numancia será sitiada. Nadie sospecha que el asedio durará más de veinte años y se seguirá recordando más de veinte siglos después.

Tránsfuga

La política ha albergado desde siempre a grandes oportunistas. El mayor tránsfuga de la historia remonta a la antigua democracia ateniense: Alcibíades, discípulo del filósofo Sócrates en su juventud, fue un hombre de personalidad seductora que vendió sus servicios a las tres grandes potencias enemigas de su época, una detrás de otra. En la Antigüedad, los grandes tránsfugas no se limitaban a cambiar de partido, sino de país.

Alcibíades empezó su trayectoria desertando de Atenas cuando era general y en plena guerra para evitar comparecer ante los tribunales. Se refugió con el enemigo, en Esparta, donde asesoró a los espartanos sobre la forma de hundir a Atenas, revelándoles las debilidades militares de su patria y sugiriéndoles las estrategias más demoledoras contra sus conciudadanos. A pesar de sus servicios, se metió en problemas por una intriga amorosa con la mujer del rey espartano y recurrió de nuevo al transfuguismo, esta vez con los persas. Dondequiera que iba, Alcibíades se adaptaba, cambiaba como un camaleón y conspiraba hasta convertirse en el personaje más influyente. Al final de su carrera, Alcibíades era considerado enemigo público en todas partes. Sobre él se decía: "Por fortuna, solo hay un Alcibíades: Grecia no habría podido soportar dos". Así pensamos de quienes se aferran al poder y prefieren cambiar de bando que abandonarlo.

Cartas al más allá

La muerte de un ser querido nos empequeñece. Nadie es una isla completa en sí mismo y la pérdida de quien amábamos es como un trozo de nosotros mismos que se desprende, como un terrón de tierra arrastrado por el mar. Ya no somos los de antes, pues cada ser amado extrae algo diferente de nosotros y con la muerte de uno de ellos se pierden todas esas posibilidades nuestras que eran creación suya. No queremos admitir la disminución, pretendemos enlazarnos con lo que ha desaparecido, y por eso hablamos a los difuntos.

Los egipcios de hace miles de años nos han dejado un vestigio conmovedor de la misma necesidad de proximidad. A lo largo de los siglos, los antiguos habitantes del país del Nilo escribieron cartas a los suyos en el más allá. Las depositaban en sus tumbas, donde los arqueólogos las han encontrado al excavar. Algunas estaban escritas en papiros, la mayoría en el interior de cuencos de arcilla donde colocaban ofrendas de agua o alimentos, confiando en que el destinatario en el otro lado leería el mensaje después de saciar su hambre y su sed. El texto de las cartas era sencillo, a menudo contaba noticias de familia o asuntos íntimos. El sentimiento de comunicación es muy real. Están inundadas por la idea de que la muerte es un mero cambio de domicilio y de que los ausentes siguen necesitando saber qué preocupa a los vivos después de que ellos se fueron. Esta rebelión del ser humano contra el aislamiento surgido de la pérdida es universal. Quienes aún hoy hablan con sus muertos saben que hacerlo es algo menos que una conversación, pero mucho más que un monólogo.

Tiempo de silencio

Camino con un niño de la mano y puedo sentir su confianza ilimitada. Cree que a mi lado nada malo sucederá. Piensa que tengo el poder de detener las desgracias, de curar todas las heridas, de ahuyentar la tristeza con una simple canción. Si levantase un autobús con el dedo meñique, no le extrañaría más que cuando hago la lazada de sus zapatillas. Al mirarme, ve a una giganta y a una maga.

Me pregunto si entendemos a los niños mejor que ellos a nosotros. Durante largos siglos, la niñez fue una edad sin voz. La palabra latina *infancia* significaba "sin habla". Había poco interés por el mundo interior de los niños, a los que consideraban solo adultos inacabados, bocetos del futuro. Y así los representaba el arte medieval, como hombres y mujeres en miniatura. Los investigadores afirman que esa indiferencia se debía a la altísima tasa de mortalidad infantil. Era preferible no tener muy en cuenta la singularidad de los más pequeños hasta que crecieran y hubiera más garantías de supervivencia. La mentalidad europea cambió con los avances de la medicina y de la pedagogía infantil. Dickens denunció en sus novelas la crueldad contra los niños y Freud afirmó que nuestros primeros años, tan desconocidos, son esenciales para forjar la personalidad. Hoy contemplamos la infancia y sus enigmas con apasionado interés. El silencio se ha convertido en misterio.

Perdonen la tristeza

Todos recordamos minutos angustiosos en la sala de espera de un médico, bajo el peso de un mal presentimiento. Y ya en la consulta, querer descifrar la expresión del doctor mientras analiza la imagen nebulosa de un escáner. La enfermedad es terrorífica porque cambia las reglas del juego; la amenaza ya no está en el exterior, sino dentro de uno mismo, y no hay escapatoria al peligro. El enfermo aprende a convivir con el miedo y sus altibajos.

Cuando alguien recibe un diagnóstico grave, la gente suele decir: "Si mantienes el ánimo, lo superarás". Es una idea tranquilizadora: hay un premio para el luchador que se aferra a la vida. Sin duda, el coraje ayuda a sobrellevar la vida cotidiana, pero no hay evidencias científicas de que influya en la curación. El éxito del tratamiento depende sobre todo de un diagnóstico a tiempo, de que se gaste dinero público en sanidad e investigación, de los medios disponibles y del equipo médico. Y, al final, esas frases bienintencionadas pueden suponer una carga, culpabilizando al enfermo por perder la batalla. Desde su origen, la medicina ha recorrido un largo camino para liberar al paciente de la responsabilidad por su mal. Hace más de veinte siglos, el filósofo Epicteto resumió esta actitud comprensiva y humanista en una máxima: "Ni vergüenza ni culpa". Ni vencedores ni vencidos: los enfermos no son atletas.

Ávidos

Vivimos invadidos por el consumo voraz, en una alocada carrera de objetos desde el escaparate al vertedero. En el pasado la gente tenía pocas propiedades, pero hoy un individuo medio de un país rico puede poseer millones de objetos a lo largo del tiempo, desde automóviles hasta pañales desechables o envases de comida. Cuando nos mudamos, tomamos conciencia de la apabullante cantidad de cosas que acumulamos. En las grandes ocasiones, celebramos o nos consolamos comprando ropa, muebles, anillos, árboles de Navidad, lápidas. Y, en la cumbre, el objeto fetiche de esta época: el móvil. Según las estadísticas, los europeos no nos alejamos de nuestros teléfonos más de un metro en todo el día. Pocas veces en la historia hemos estado tan apegados a un objeto.

El griego Bías, uno de los Siete Sabios, habría contemplado con mirada irónica este acopio afanoso. Cuentan que, cuando las tropas enemigas iban a atacar su ciudad, los asustados habitantes huían cargando todo lo que podían arrastrar; solo Bías caminaba ligero de equipaje. Sorprendidos, sus conciudadanos le preguntaron por qué no salvaba sus posesiones. El sabio respondió: "Llevo todos mis bienes conmigo". Se trataba de cosas invisibles para los ojos: sus conocimientos, sus recuerdos, sus habilidades. De todo lo tangible, pensaba Bías, no somos dueños, tan solo fugaces usuarios e inquilinos.

Muchos humos

Quien más, quien menos, todos somos grandes admiradores de nuestra propia valía, pero vanidosos son los demás, que se equivocan al tener mejor opinión de sí mismos que de nosotros. Y a veces incluso dejamos asomar la vanidad presumiendo de modestia, como sucedió con aquel que dijo: "A mí en humildad no me gana nadie".

Se diría que la mayoría de la gente tiene muchos humos. Pero ¿qué significa esa expresión? ¿Por qué la empleamos? ¿Qué humos son esos? ¿Los de la hoguera de las vanidades que le arde dentro a cada uno? ¿Queremos decir que la arrogancia es tóxica? No, la explicación de esa frase hecha remonta a los tiempos primitivos de la antigua Roma. Entonces las familias colocaban en el atrio, es decir, en el patio interior de sus casas, bustos de sus antepasados muertos, padres, abuelos, tatarabuelos y así hasta donde se podía recordar. Cada vez que se encendía el fuego del hogar, el humo salía por el atrio y poco a poco iba tiznando las estatuas. Esa negrura cotidiana y doméstica representaba, en una sociedad todavía sin historiadores y apenas sin relojes, el sello del tiempo, la señal exterior de una silenciosa cronología que lentamente se depositaba. Los romanos de clase alta estaban orgullosos de tener estatuas marcadas así por un pasado humeante, y al parecer presumían de ese rastro porque certificaba que su estirpe tenía una historia larga.

Aquellos humos hogareños ya no son los nuestros; a nosotros el progreso nos los ha subido mucho. Antes ennegrecían la cara de las estatuas; en nuestras ciudades de hoy han llegado tan arriba que oscurecen las estrellas.

Hoy por hoy

La impaciencia es un desorden del apetito de vivir, significa sacrificar el día de hoy a las ganas de devorar el futuro. El problema es que la mayoría de las veces el futuro resulta ser un gran estafador que se beneficia de un prestigio desproporcionado. El filósofo Séneca, que lo sabía, escribió: "Los que hacen sus planes para un plazo largo suprimen el día bajo promesa de lo que llegará. La rémora mayor de la vida es la espera que depende del día de mañana y pierde el de hoy. Todo lo que está por venir se asienta sobre terreno inseguro: vive desde ahora. Hay que beber a toda prisa de este torrente raudo que no siempre correrá". Si nos acostumbramos a anticipar con el deseo y con la mente el porvenir, renunciamos, con desgana y de la manera más absurda, a nuestro propio tiempo cuajado de posibilidades.

Como Séneca, también el poeta Marcial creía que hay que disfrutar del instante con claridad, con actitud protectora y vigilante, dándole todo el peso de la atención. Pensaba que no hay afirmación más saludable de nuestras ganas de gozar. Después de todo, el mayor poder es poder ser feliz. Por eso, Marcial compuso un epigrama para recordarnos que nos arruinamos si malgastamos el presente: "Siempre estás diciendo que mañana vivirás; pero dime: ¿cuándo va a llegar este 'mañana'? ¿Está muy lejos? ¿Dónde? ¿De dónde hay que traerlo? ¿Por cuánto puede comprarse? ¿Vivirás mañana? Ya es demasiado demorarse vivir hoy. ¿Sabes

71

quién es sabio? Quien vivió ya ayer". Conviene recordar que el "mañana" se convertirá humildemente en "hoy" cuando llegue a nosotros. Siempre es ya mismo.

Cavernícolas

Los móviles nos atrapan con sus constantes señuelos y llamadas al ocio, el placer y la comunicación. Sus pantallas sonríen ofreciendo solicitudes de amistad, la foto de alguien querido, videos inspiradores sobre la felicidad. Pero proyectamos tal atención sobre el aparato que llegamos a desentendernos de las personas próximas: nos estamos volviendo cada vez más apasionados con la tecnología y maquinales con la gente. No hace falta que nos implanten un chip como imagina el cine futurista: siempre tenemos a mano la terminal de nuestro vicio tecnológico.

Esta adicción colectiva parece presagiada en el mito de la caverna. Platón imaginó una cueva subterránea donde unos prisioneros permanecen encadenados de forma que solo pueden mirar en una dirección. Tras ellos crepita una hoguera, y todo lo que ven son sombras proyectadas por la luz del fuego sobre un muro, como si fuera una pantalla. Fascinados por esas sombras, sin girar la cabeza, van olvidando poco a poco que allá fuera brilla el sol. A Platón le interesaría saber que hoy sufrimos problemas de cuello por doblarlo hacia el móvil, insomnio por llevarnos la máquina a la cama, ridículos tropiezos por desatender nuestros pasos e incluso una nueva dolencia en muñecas y pulgares llamada *wasapitis*. El filósofo diría que, si olvidamos mirar alrededor, los móviles acabarán por inmovilizarnos.

Conquistadores

Durante mucho tiempo, el saber fue un lujo inaccesible. La universidad ha tardado muchos siglos en ser auténticamente universal. En época medieval, solo los hombres ricos solían titularse: aquellos que formarían las clases dirigentes. Doctorarse era un logro aún más exclusivo. Las costosas fiestas y regalos que el protocolo imponía al doctorando erigían una muralla solo franqueable por familias acaudaladas.

Esa exclusividad empezó a quebrarse en las aulas de las universidades españolas, donde algunos pioneros lograron romper barreras. Una tarde de otoño del año 1508, una soriana de cuerpo menudo impartió clase de latín en las Escuelas Mayores de Salamanca con solo veinticuatro años, silenciando la bulla de aquellos alumnos vestidos con manteo y bonete. Era Luisa de Medrano, la primera mujer del mundo que logró ejercer como profesora y catedrática, siglos antes que en los restantes países europeos. Sin embargo, no ha llegado hasta nuestros días ni una nota, ni una línea ni una firma de su puño y letra. Décadas después, el afroandaluz Juan Latino, nacido siervo del duque de Sessa, enseñó gramática latina en Granada. Se convirtió en la primera persona negra y de origen esclavo en conseguir una cátedra universitaria. Estos dos sabios renacentistas merecen emerger del olvido, ambos conquistaron nuevos mundos cuando lo universal era cosa de unos pocos.

Zoquetes

Por alguna extraña razón, todos somos más hábiles con una mano que con la otra. Como nosotros, los animales son diestros o zurdos: ninguna de las opciones es una tara biológica ni un error de fábrica. Desde el punto de vista cultural, sin embargo, las diferencias toman con frecuencia un cariz positivo o peyorativo —y suele ser peligroso estar en minoría—. La Inquisición sospechaba que los zurdos estaban endemoniados y, por eso, nadie osaba santiguarse con la izquierda. Por el contrario, ser diestro ha tenido siempre connotaciones favorables. El lenguaje lo evidencia: en inglés, *to be right* es tener razón; en español, *destreza* es sinónimo de *habilidad*; *derecho* alude a las leyes y la justicia. ¿De dónde proviene el adjetivo *zurdo*? Algunos expertos creen que del latín *soccus*, una especie de pantufla usada por los cómicos y las mujeres, diferente del coturno —el calzado con plataforma que usaban los trágicos para elevar su estatura—. De esa zapatilla propia de bromistas y féminas derivarían *zurdo* y *zoquete*: calificativos para gente boba, obtusa, que no entiende las explicaciones. Por culpa de este reparto arbitrario de méritos y culpas, los zurdos han padecido castigos e insultos hasta ayer mismo. Ya es tiempo de asociar una simbología más amable a la zurdera: el mundo podría ser un lugar mejor si actuáramos con mano izquierda en lugar de abrirnos paso a derechazos.

Trabajos invisibles

Las tareas domésticas vuelven a hacerse cada día. Sin cesar, el polvo cubre las cosas con su sábana gris. Hay que pensar y preparar la comida, trocear, freír, vigilar, revolver. Acompañar a los ancianos, cuidar a los niños. Y, cuando todo está terminado, los rastros borrados, el fregadero brillante como un espejo, vuelta a empezar. Dicen los expertos que sumaríamos millones de euros al PIB si contabilizásemos el trabajo del hogar no remunerado, esas horas ignoradas, ese tiempo que no es oro. ¿Cómo estamos repartiendo los esfuerzos sin pago?

La primera obra literaria occidental es un himno a la guerra, y apenas retrata las tareas de los hombres en la vida diaria. En uno de esos raros resquicios, Homero cuenta que el troyano Héctor, al volver del combate, sentaba a su pequeño hijo en el regazo para darle de comer. En el otro bando, el viejo Fénix explica que crio al niño Aquiles veinte años atrás, limpiándolo, cortando la comida en pedacitos para él: "¡Cuántas veces ensuciaste mi túnica al vomitar! ¡Vaya si los niños dan trabajo!". En la *Ilíada* los héroes son recordados por sus batallas, y el esfuerzo repetido de las faenas hogareñas queda fuera de escena, en manos de mujeres cuyas gestas domésticas parecían desprovistas de épica. Hoy la hazaña cotidiana de cuidarnos unos a otros precisa a hombres capaces de asumir la mitad de lo invisible.

El negocio de la furia

"Que hablen de mí, aunque sea bien", dijo Oscar Wilde. Podría ser un buen lema para estos tiempos de agitación y polémicas en internet. Las redes sociales premian las emociones extremas porque provocan interacciones y multiplican los beneficios. Las que más abundan son la ira, el escándalo o el odio: es más fácil cabrear que cautivar. Está demostrado que los tuits y videos agresivos baten récords de audiencia. Por eso, algunos estrategas políticos han aprendido a rentabilizar esta ceremonia de exabruptos y confusión. Atizan y provocan sin escrúpulos a sus contrincantes ideológicos; y quien reacciona contra sus argumentos, a su pesar, está contribuyendo a difundirlos. A internet revuelto, ganancia de extremistas.

Frente al negocio de la furia, resultan reveladores los sabios consejos de Séneca en su ensayo *Sobre la ira*. El filósofo cordobés escribió que durante el apogeo del enfado hay que contenerse; en plena tormenta, aconseja callar o cambiar de tema. Tras deshacernos del malestar, es el momento de aclarar nuestras ideas en calma y sosiego. Hoy los gurús de la comunicación ofrecen las mismas recetas de Séneca: resistirse a la espiral. Los radicales no quieren debatir, sino atraparnos en la disputa digital. Están más obsesionados por el ruido que por las nueces, y les frustra más el eco de nuestro silencio que el de nuestros gritos.

El albergue del terror

Uno de los primeros asesinos en serie de la historia vivió en la antigua Grecia. Según la mitología, Procusto era un homicida perturbado digno de un guion de Hollywood. Como todo psicópata cinematográfico que se precie, inventó un método sofisticado y cruel para torturar a sus víctimas. Regentaba cerca de Atenas una posada parecida al motel de *Psicosis*, donde acogía amablemente a viajeros solitarios. Mientras dormían, entraba en su habitación y los ataba a la cama. Si sobresalían del lecho por ser altos, les cortaba los pies; si eran bajos, tiraba de ellos hasta descoyuntar sus huesos. Solo el héroe Teseo logró vencer a aquel criminal sanguinario.

La psicología contemporánea utiliza la figura del hostelero asesino como símbolo del rechazo a la diversidad. El síndrome de Procusto define a aquellos que fuerzan los hechos para ajustarlos a sus moldes. Sufren este complejo las personas que intentan mantener una ilusoria uniformidad en nombre de la cual las divergencias son mal vistas y castigadas. En el patio del colegio, en las empresas o incluso en las familias, los Procustos de turno intentan cortar las alas a quienes no pasan por el aro. Este tipo de acoso provoca un sufrimiento inútil: ni las personas ni la realidad encajan en los esquemas —o las camas— preconcebidos. Si algo tenemos en común es que somos todos diferentes.

Enmascarados

La sociedad del espectáculo es un viejo invento, ya Calderón habló del "gran teatro del mundo". En realidad, la vivimos como una experiencia cotidiana: siempre queremos ofrecer la mejor cara de nosotros mismos, y el deseo nos empuja a fingir y ponernos caretas. En latín, la palabra *persona* nombraba la máscara del actor. Desde la escena política a la farándula de las redes sociales, e incluso en familia, todos en mayor o menor grado interpretamos un papel. La personalidad tiene algo de teatro. O eso dice nuestro idioma.

Escribió Oscar Wilde que la vida es un gran espectáculo, pero con un reparto deplorable. A pesar de su advertencia, muchos siguen reclamando ovaciones a su personaje, y más en estos tiempos de rostros influyentes, me gusta y seguidores virtuales. El emperador Augusto, un personaje estelar en su época, se esforzó por construir una imagen de gobernante justo, obviando los aspectos más autoritarios y oscuros de su mandato. Para ello, encargó monumentos, estatuas y obras literarias que elogiaban sus virtudes. El historiador Suetonio cuenta que Augusto, ya muy enfermo, mandó llamar a sus amigos. Llegaron y rodearon la cama donde agonizaba. Entonces les preguntó: "¿Os parece que he representado bien esta farsa de la vida?". Y, cuando presintió la muerte, exclamó, bromeando con gran seriedad: "Aplaudid. La función ha terminado".

Los intestinos del Leviatán

A veces, algo huele a podrido en las bambalinas del poder. Nombramos esa descomposición con metáforas subterráneas: las cloacas del Estado y sus turbios fontaneros. Uno de los casos más famosos, Watergate, pasó a la historia con nombre de alcantarilla. Cuando saltan a la luz pública oscuras tramas de espionaje, complots y montajes en el seno del Estado, el viejo hedor vuelve a la superficie, despertando una angustia antigua: el miedo a una autoridad descontrolada. El poeta romano Juvenal, autor de sátiras corrosivas, resumió ese terror en una frase: "¿Quién vigilará a los guardianes?".

Montesquieu propuso resolver este problema político con la separación de poderes y, desde entonces, las democracias se dotan de instituciones de control mutuo. Sin embargo, las garantías nunca son absolutas y la corrupción se cuela por las grietas del sistema. Por eso, la pregunta de Juvenal sigue vigente: quién nos protegerá de quienes nos protegen. El cómic *Watchmen*, escrito por el guionista Alan Moore, es un homenaje al escritor romano. En esta novela gráfica, los superhéroes de otros tiempos son ahora antihéroes que trabajan en el tenebroso subsuelo del gobierno. Deambulan por calles nocturnas donde se repite obsesivamente un grafiti: *Who watches Watchmen?* El rostro más sombrío del poder nos amenaza cuando los que mandan se desmandan.

Tener o no tener

El exceso puede convertirse en un defecto. Si tenemos o queremos demasiadas cosas, son ellas las que nos poseen, las que se adueñan de nosotros. Así pensaba el filósofo griego Diógenes. Para él, las propiedades esclavizan. Sostenía que los seres humanos se privan de su propia libertad fabricándose, eslabón por eslabón, una cadena inacabable de deseos y ambiciones. A su juicio, el éxito, que tanto nos impresiona en sus signos exteriores, es una cárcel y el único indulto posible consiste en simplificar la vida al máximo. La solución propuesta por Diógenes era radical. Nos cuentan que afirmaba: "No poseer nada es el principio de la felicidad". Y vivía en consonancia con su programa, pues dormía dentro de una gran vasija, rodeado por una manada de perros vagabundos, y pedía limosna para poder comer y vestirse. Era un provocador, rebelde e insolente. Platón lo llamaba "Sócrates vuelto loco". Diógenes actuaba como un virtuoso del desprendimiento y la privación. Según una anécdota famosa, Alejandro Magno quiso conocerlo. Presentándose a sí mismo como el Gran Rey y haciendo alarde de poder, le prometió concederle lo que pidiera. Diógenes levantó la mugrienta maraña de sus cejas y se limitó a responder: "Pues apártate, que me estás tapando el sol".

Hoy su austera doctrina es tan incómoda que ha hecho falta falsificarla. Hemos llamado síndrome de Diógenes al afán compulsivo de acumular desperdicios y objetos sin ninguna utilidad.

Y sin embargo él, adversario declarado del consumismo, habría dicho que, en relación con la propiedad, no hay bienes que por mal no vengan.

Entusiasmo

Vista desde el exterior, la pasión amorosa parece muy nociva para el bienestar y para la salud. Obsesiona la mente y hace desfallecer el cuerpo. Mientras no se consigue realizarla, causa dolor. Cuando se disfruta, se teme perderla. Tras la pérdida, se añora. En el amor a menudo se siente miedo, o frustración, o celos, o un anhelo torturador. Y, sin embargo, casi todos queremos estar apasionadamente enamorados. Tanta unanimidad es un hondo misterio. Porque no son los amantes los únicos que se abrazan a sus pasiones, inseparables de ellas desde que su fuego empieza a correrles bajo la piel. También los más inexpertos, a fuerza de imaginarse el amor, se impacientan esperando la ocasión de iniciarse. Incluso quienes han fracasado ya tratan de reencontrarse con el amor pasional una vez más, en un triunfo de la esperanza sobre la experiencia, como decía el doctor Johnson.

¿Por qué? Los antiguos griegos tenían una respuesta. Para ellos, los amantes eran invadidos por un dios que se filtraba en su ser. Lo llamaban entusiasmo, que significa "tener dentro la divinidad". Los escogidos eran seres "inspirados", es decir, "depositarios de un soplo mágico", como los poetas y los adivinos, todos ellos locos que pagan un alto precio por su privilegio. Por eso, según los griegos, deseamos esa dolorosa bendición: cuando nos enamoramos, un licor divino entra a mares en nuestra sangre, una nube cargada de dioses nos alcanza con su rayo y al menos por un momento nos rescata de la rutina y de la vulgaridad. La pasión nos gusta porque es, sencillamente, una forma endiablada de endiosamiento.

Arrepentidos

En estos tiempos de empacho tecnológico está naciendo un movimiento contra la adicción a los móviles y ordenadores que invaden todos los resquicios de nuestras vidas. Muchos magnates de Silicon Valley prohíben las pantallas a sus hijos mientras ellos mismos se reconvierten en abstemios digitales. Quizá deberíamos empezar a inquietarnos cuando los propios chefs impiden a sus seres queridos probar el guiso.

Uno de los últimos conversos es el creador del me gusta para Facebook. Él mismo reconoce que ese botón azul desencadena nocivas dinámicas de obsesión y dependencia. A pesar de su aspecto inofensivo, el icono de la manita acumula siglos de historia: imita el antiguo gesto del pulgar alzado que usaban las multitudes romanas en los combates de gladiadores. Como nos han enseñado los péplums de Hollywood, cuando un luchador yacía derribado en la arena, el público votaba si debía recibir —o no— el golpe de gracia. Hoy los arqueólogos creen que, al contrario de lo que muestran las películas, no se trataba de subir o bajar el dedo. Más bien, introducir el pulgar en el puño —simbólicamente, envainar la espada— salvaba la vida del gladiador derrotado. El pulgar fuera que ofrece Facebook implicaba en realidad la muerte. Aun así muchos de nosotros, gladiadores virtuales, peleamos en el coliseo de las redes sociales por conseguir más y más dedos en alto.

El futuro recordado

Intentamos hacer pronósticos creyendo que dominaremos un futuro que somos capaces de imaginar con antelación. Pero una mente ocupada en predecir es una mente preocupada. Y preocuparnos no siempre nos ayuda a adueñarnos de lo que sucederá ni nos prepara para hacerle frente, muchas veces mina nuestras fuerzas, pues el desasosiego puede ser tan agotador como la realidad misma. Cuando al fin llega el momento del desafío, estamos demasiado cansados como para actuar con sangre fría y gobernar la situación.

Predecir es poner orden en la vida, pero también arriesgarse a ser desbordado. Buda ya lo afirmó: "Tu peor enemigo no puede hacerte tanto daño como tus propios pensamientos desbocados. Pero, una vez que los domines, nadie podrá ayudarte tanto". Al anticipar, buscamos en nuestra experiencia el rumbo del porvenir. El físico danés Niels Bohr dijo con ironía que es difícil predecir, sobre todo el futuro. En efecto, solemos predecir de nuevo el pasado dejando así que vuelva a afligirnos. Quien ha sufrido un atraco temblará muchas veces después del crepúsculo, tras la muerte de un ser querido la vida parecerá más frágil. Tememos la repetición del pasado, del más traumático, el que más huella deja. El remedio que ofrece la filosofía no surge de manera natural ni es fácil. Consiste en experimentar el instante vivido hasta hacerlo vívido, equilibrar la atención prestada al mañana y al ahora para que uno no estropee al otro, ser prevenidos y despreocupados en su justa proporción. Por eso, ante los terrores de lo que vendrá, conviene decirse: "¿El futuro? Ya no me acuerdo".

Bocas sin cerrojo

Un pelma es la persona que considera un derroche tener dos orejas y solo una boca, nos dice Plutarco. Cuando llega, quienes lo conocen callan para no ofrecerle ningún asidero. A pesar de todo, no se rinde: te retiene, te da palmadas en la espalda o te hunde las costillas con la mano. Se cree gracioso y habla sin parar. Todos hemos sufrido uno de esos ataques agotadores, culpándonos por ser incapaces de liberarnos y llegando a pensar que los buenos modales nunca quedan impunes. El poeta Horacio lo contó en una sátira.

Horacio pasea un buen día por Roma cuando lo aborda un tipo al que solo conoce de nombre. Tras un par de frases de cortesía, el poeta echa a andar y acelera el paso, pero no consigue quitárselo de encima. Un sudor frío le empapa la frente, comprende que necesita audacia: "No quiero que te canses. Voy a visitar a un amigo que vive lejos", dice, improvisando una mentira. "Tengo tiempo, te acompaño". Ahora Horacio se ha condenado a dar un larguísimo paseo escoltado por el charlatán. Agacha la cabeza y piensa para sus adentros que un pesado puede ser causa de defunción. Le viene entonces a la mente un recuerdo. Años atrás, una adivina le advirtió que no moriría de enfermedad, ni envenenado ni apuñalado, sino que un pelma acabaría con él. Y en ese momento le parece más peligroso un conocido pesado que un asesino razonable.

La voz del silencio

¿Por qué no os calláis? Así nos retaría hoy Baltasar Gracián. Para él, el silencio, tanto o más que las palabras, es el hábitat de la inteligencia. En prudente silencio captamos las pasiones del prójimo y averiguamos cómo tratar a cada uno. Pero, además de un acto de control y de astucia, el silencio representa una bienvenida, pues abre espacio para que los demás se manifiesten y se cobijen en él. Atentos y silenciosos, les demostramos que entendemos. Más aún: en un mundo vociferante, el silencio, renunciando a la violencia del grito, adquiere voz propia y puede levantar incluso un mudo clamor de protesta o de serena rebeldía.

Precisamente porque el lenguaje existe, elegir callar significa algo, es una libre abstención que deja paso a la elocuencia del cuerpo, como la llamó el famoso orador Cicerón. Los ojos, la frente, los pómulos saben hablar quedamente y así se expresa el carácter, porque cada persona guarda silencio a su manera —tensa, quejosa, exigente, comprensiva o relajada—. También hay formas de callar con un corazón hospitalario. Una antigua leyenda cuenta que, cuando un nuevo ser humano va a llegar al mundo, Dios le pone el índice sobre los labios para animarlo al sigilo. Así se explica el pequeño surco que tenemos entre la nariz y el labio: es la impronta dejada por esa primera iniciación al silencio, mientras esperamos nacer.

Cuerpo del delito

La intimidad ha quedado desahuciada, dicen muchas voces. Así es el nuevo mundo en el que han eclosionado las redes sociales: un espacio para ver y ser vistos, para exhibicionistas y *voyeurs*, para narcisistas y cotillas, para las efímeras celebridades y sus pasmados seguidores. Pero aquí también importa el consentimiento, también aquí debemos temer a los depredadores y sus cómplices. En el bosque virtual hay lobos feroces que usan fotos enviadas en confianza —o tomadas sin permiso— para vengarse, humillar o chantajear. Cuando las imágenes íntimas trascienden la esfera privada, las consecuencias pueden ser devastadoras para la víctima, hasta el suicidio.

Este tipo de ataques no son nuevos. Veintisiete siglos antes de internet, cuenta Heródoto que el rey Candaules presumía ante otros hombres de su amante, una joven llamada Nisia. Fanfarroneando, dijo a un oficial de su guardia: "Quiero que la veas desnuda". Al principio el soldado se resistió, pero acabó por ceder a la presión. De noche esperó oculto tras la puerta, y espió a Nisia mientras se desnudaba. La mujer descubrió al mirón cuando se escabullía y sintió un latigazo de rabia. Pero no se dejó avasallar; se encaró con el oficial y él, arrepentido, la ayudó a derrocar al rey. Con los Candaules no hay que colaborar, sino destronarlos: no hagamos poderosos a quienes no saben ser pudorosos.

La invención de la belleza

Desde siempre, la belleza del mundo y las personas nos fascina y nos atrapa. ¿De dónde procede esa emoción tan intensa? Hace más de dos mil quinientos años, la poeta griega Safo escribió: "Para cada uno, lo más bello es la persona amada". Este verso tan sencillo esconde una revolución asombrosa. Afirma que lo bello no está en el exterior, sino que habita en la mente del amante. No deseamos a quien nos parece atractivo, sino que nos parece atractivo *porque lo deseamos*. Según Safo, quien ama crea la belleza, no se rinde a ella.

Hoy los neurocientíficos dan la razón a la escritora griega. El mundo no es hermoso o feo por sí mismo; esas no son propiedades objetivas que pertenezcan a lo que vemos, escuchamos o tocamos. La belleza es un prodigio cerebral que solo existe en la mente de los seres humanos. Cuando ciertas características nos provocan ese maravilloso placer, experimentamos un deslumbramiento que nace en realidad de nuestras experiencias y nuestra educación. Las emociones estéticas nos electrizan desde ese cerebro profundo donde se depositan las memorias más íntimas y, por eso, no todo el mundo percibe la belleza de la misma manera. Superando las imposiciones de la moda y los cánones establecidos, como sabía Safo, cada cual la experimenta de forma única y distinta. Al final era cierto que la belleza está en el interior... de quien mira.

Parejas de baile

Si colgamos dos relojes de péndulo en una habitación, acabarán meciéndose al mismo compás. Las vibraciones casi imperceptibles que cada uno transmite a través de la pared van cambiando la trayectoria de su compañero. Lenta pero irresistiblemente, los dos adoptan la cadencia del otro, hasta columpiarse al unísono. La física enseña que, cuando dos objetos próximos oscilan con un intervalo similar, tenderán a balancearse a la vez. Requiere menos energía moverse en colaboración con otro que en su contra. Si recordásemos esta hermosa ley en nuestros asuntos humanos, nos pondríamos de acuerdo más a menudo.

Todos los seres vivos somos oscilantes. Vibramos, palpitamos, acogemos ritmos interiores como el latido del corazón. Nuestros cuerpos se sincronizan con las horas de luz, con las estaciones, con la luna; y con otros cuerpos. También el lenguaje es ritmo y sincronía: los científicos han comprobado que, al escuchar con auténtica atención las palabras del prójimo, tendemos a reflejar sus movimientos labiales y faciales. Comunicarse es salir a la pista de baile y ensayar una serie de piruetas sutiles y compartidas. Cuando de verdad estamos dispuestos a armonizarnos con la gente que nos habla, a tono y en equilibrio, danzamos juntos. Pero, si nos obstinamos en marcar nosotros el paso, los péndulos chocarán y la melodía del acuerdo sonará en vano.

Torcer las palabras

Las crisis son el resultado de los periodos en los que vivimos de realidades falsas y abusamos del lenguaje. Vienen a continuación de esas épocas en las cuales creemos vivir en el país donde uno se hace rico más rápidamente gracias a la audacia. Épocas en las que la credulidad y la euforia económica erosionan el sentido de las palabras mismas.

Hace ya más de veinticinco siglos, el historiador ateniense Tucídides observó que la manera de emplear ciertos términos permite diagnosticar el estado de salud colectivo. Pensaba que las sociedades se están descomponiendo sin saberlo cuando empiezan a llamar emprendedores a los que son audaces de una manera irreflexiva. Cuando se convencen de que cualquier forma de moderación es el disfraz de la cobardía. Cuando afirman que quien se para a deliberar solo está buscando pretextos para no actuar. Deberíamos ser conscientes de que el peligro acecha precisamente en los momentos de las mayores ganancias, porque se fomenta la avidez y se desacredita la prudencia. Tucídides, que era un analista clarividente, resumió este proceso en una frase de absoluta vigencia actual: "En efecto, la mayoría de los hombres prefieren que se les llame hábiles por ser unos canallas a que se les considere necios siendo honrados: de esto último se avergüenzan, de lo otro se enorgullecen". Si podemos sacar alguna lección del presente es la necesidad de proteger la robustez de ciertas palabras.

Porque, en cuanto bajamos la guardia, las palabras se pueden convertir en la ganzúa con la que algunos fuerzan las cajas de caudales ajenas hasta vaciarlas.

Uno de los nuestros

Haber nacido no es suficiente. Ni siquiera tener los papeles en regla. Cierto pensamiento nacionalista exige una serie de requisitos para validar tus credenciales: una determinada idea de pertenencia; ocho apellidos autóctonos; un repertorio de filias y fobias; un maniqueo etiquetado de otros y nosotros; convertir la lengua materna en asunto patriótico; poblar de mitos el discurso histórico. Un partido nacionalista nórdico se ha atribuido el nombre Verdaderos Finlandeses, como si sus votantes fueran los únicos oriundos. Muchos estadounidenses cuestionan contra toda evidencia la ciudadanía de Barack Obama a causa de su nombre, su color y su familia paterna.

Una zambullida en el pasado olvidado nos recuerda que Obama no fue el primer presidente negro de un imperio occidental. Hace mil ochocientos años, la principal potencia europea ya eligió un líder de origen africano y piel oscura. Nacido en la actual Libia y con antepasados bereberes, el emperador Septimio Severo no era tan blanco como sus bustos de mármol. Pero su nombramiento se aceptó con naturalidad, y nadie puso en duda su condición de romano auténtico. En algunos aspectos, Roma fue más cosmopolita que nosotros. Si nos adentramos hoy en la inquietante ruta política que algunos han emprendido, habrá que reescribir el diccionario: *extranjero* será quien no piensa como yo.

95

Ambigüedad

Las palabras sirven a veces para explicar; el resto del tiempo, para ocultar. Con frecuencia las situamos en una penumbra indefinida, de donde, pase lo que pase, las podemos recuperar afirmando que teníamos razón. En las difíciles encrucijadas de la política, los líderes caen a menudo en la tentación de hablar sin pronunciarse. De exhibir su habilidad en el arte del escapismo. De inventar expresiones enmarañadas, condicionales y opacas con las que esquivar airosamente las preguntas decisivas.

Pero esas tretas resquebrajan los cimientos de la democracia, que nació en Grecia como una ambiciosa estructura, no de piedras, sino de palabras. Entonces, por primera vez, los razonamientos enunciados y escuchados sustituyeron a los imperativos del gobernante por derecho divino. Ese audaz experimento político de los atenienses arraigó gracias a un hallazgo fabuloso: la invención de un espacio público donde los ciudadanos podían tomar la palabra entre sus pares. Tal como sus creadores lo soñaron, allí se acudía a debatir, no a recibir órdenes, a admirar el poderío del soberano ni a servir de masa para el demagogo. A cambio, existía la obligación de hablar claramente y las ambigüedades eran consideradas un defecto moral. En su estela, también nosotros deberíamos exigir nitidez a esos políticos que tienen el pico de oro, pero nunca hablan en plata.

Hija de la Noche

Todos somos habitantes de la esperanza, perseguidores incansables de ilusiones y deseos. De ahí viene nuestra energía, pero también la tendencia a envidiar a los triunfadores. Aunque no queremos admitirlo y lo guardamos cuidadosamente oculto, sentimos dolor si alguien es mejor que nosotros o tiene más suerte o conquista un éxito que anhelábamos. Tal vez la ambición y la envidia son impulsos que nacen de la misma raíz.

En sus *Trabajos y días*, quizá el primer libro de autoficción, el poeta Hesíodo cuenta la historia íntima de los celos y pleitos de herencia que lo enfrentaron con su hermano. Cree que esa agria disputa familiar es culpa de la diosa Eris, hija de la Noche, que siembra el conflicto entre los humanos, arrastrándolos a compararse unos con otros y a intentar destruir la felicidad ajena. Pero el poeta se resiste a caer en el pesimismo. Dice que Eris tiene una hermana mayor del mismo nombre, que anima a trabajar al perezoso, que da valor al tímido, que inspira al creador y hace esforzarse a todos. Hesíodo no tenía una palabra para lo que hoy llamamos amor propio o afán de superación, y por eso inventó la leyenda de las diosas hermanas. Las dos Eris son una alegoría de la ambigüedad de nuestros impulsos. Como Hesíodo comprendió, la dolorosa emoción de ser superados por otro puede llevarnos a perjudicarlo o a mejorar nosotros mismos.

La espiral de silencio

La libertad para expresar nuestras opiniones es resultado de una larga conquista. Sin embargo, todavía nos cohibimos cuando nuestras ideas van a contracorriente. El mecanismo es simple y conocido: queremos ser aceptados en nuestro entorno, tenemos miedo al aislamiento, sentimos aversión al conflicto de grupo.

Los investigadores llaman espiral de silencio a estas dinámicas. Según han estudiado, sondeamos constantemente el clima de opinión para descubrir qué relación guardan nuestras opiniones con las del espacio público. Nos sentimos alentados si coincidimos con las corrientes dominantes y nos volvemos cautos cuando creemos estar en minoría. La ciencia política ha comprobado que las percepciones sobre la opinión general pueden estar equivocadas, pero tienden a hacerse realidad: si una mayoría se considera minoritaria, declina; y, a la inversa, un grupo pequeño convencido de su fuerza crece. Epicteto, un esclavo romano convertido en filósofo, escribió unas palabras que mantienen intacta su fuerza original: "Di tu verdad tranquila y claramente; evita ser cobarde y evasivo. No debe importarte que los demás no compartan tus convicciones: decide ser extraordinario". Nuestra sociedad de masas, contradictoria y asustada, a veces libre y a veces acomodaticia, necesita más que nunca individuos capaces de asumir los riesgos de la originalidad.

Hagas lo que hagas

Es un hecho comprobado: siempre tendrás cerca a alguien dispuesto a opinar sobre lo que estás haciendo. Y no le gustará nada, o por lo menos detectará el lado más desfavorable. Mejor no tener el oído muy fino. Pero, si un día oyes algo, recuerda que esforzarse por dar gusto a todos es tiempo perdido. Hace siglos que sucede así, Esopo ya lo explicó en una de sus fábulas.

Dos labradores, padre e hijo, decidieron ir a un mercado. Se llevaron un burro para cargarlo a la vuelta con las compras. Tirando del animal por las riendas, echaron a andar. "Vaya par —comentaron dos desconocidos—, ellos que tienen caballería van a pie. Qué mal repartido está todo". Al oírlo, el padre mandó a su hijo que subiera al burro. "Hay que ver —opinaron entonces otros dos campesinos que hacían la misma ruta—, el hijo, que es joven, va cómodo mientras al padre le falta el aliento. No sé cómo lo consiente". Entonces el labrador, avergonzado, hizo bajar al hijo y montó él. "Parece mentira que haga trabajar así al pobre niño, no puede más", oyó decir el padre a un grupo de viajeros. Ofendido, montó a su hijo en la grupa, detrás de él. "Ahora ya no podrán decir nada —pensó con sensación de triunfo cuando vio acercarse a unos caminantes—, ninguno de los dos vamos a pie". Se equivocaba. Una voz taladró sus oídos: "Fíjate, no pararán hasta que el burro reviente".

Ideas contagiosas

En esta nueva era de la promoción y la propaganda política, la contienda por los corazones y los votos se juega también en las redes sociales. Las consignas de hoy se propagan por memes, esas imágenes con texto jocoso y breve —o indignado y apocalíptico— que llegan centelleando a la pantalla de nuestro móvil y que compartimos en todas las direcciones. Los llamamos virales porque se extienden como los catarros cuando estornudamos en el autobús.

Les dio nombre el científico Richard Dawkins, cuya fotografía acabó convertida, por cierto, en un meme de internet. Los memes serían el equivalente cultural de los genes: ideas que se transmiten por repetición de individuo a individuo durante generaciones. No son un fenómeno tan actual; los refranes fueron los memes de nuestros abuelos (no por mucho teclear amanece más temprano). Cuando inventó la palabra en los años setenta, Dawkins tenía en mente un antiguo concepto griego: la mímesis, esa capacidad imitativa que según Aristóteles es clave para aprender desde que nacemos. Los conocimientos y técnicas se expanden porque nos encanta repetir lo que hacen o dicen otras personas. Con los memes nos rendimos a ese placer necesario —y peligroso si copiamos sin sentido crítico—. Ya Aristóteles definió al ser humano precisamente como animal mimético: nuestro rasgo más original es la manía de imitar.

Desmesura

En ciertas épocas, la furia de los acontecimientos parece obligarnos a tomar partido sin matices y cualquier intento de valorar los hechos con sosiego se apaga sin eco en la refriega. Desde siempre, los extremistas rechazan al mesurado. Aristóteles escribió: "Es tarea difícil ser bueno, porque es trabajoso encontrar el término medio y resistir ahí".

En la antigua Atenas era famoso por su cordura y su habilidad de mediador un líder llamado Arístides, al que apodaban el Justo. Pero corrían tiempos de confrontación política y los radicales querían acallar sus palabras juiciosas. Recurrieron al ostracismo, un peculiar referéndum que permitía enviar a los políticos al exilio durante diez años por votación popular. Cada votante estaba llamado a escribir el nombre de su víctima preferida en un cascote de cerámica y depositarlo en una zona vallada. Si se alcanzaba un quórum de seis mil participantes, desterraban al más votado. Se cuenta que, por azar y sin conocerlo, un hombre analfabeto tendió su cascote a Arístides: "No he aprendido las letras. Por favor, escríbeme aquí Arístides". "Pero ¿por qué deseas expulsarlo?". El desconocido contestó: "Todos lo llaman el Justo, no lo soporto". Arístides, con su habitual calma, trazó su propio nombre en la papeleta de barro. Días después, partió al exilio pensando con tristeza a cuánta gente exaspera la serenidad.

Dar tiempo al tiempo

En nuestras vidas ajetreadas nos apresuramos demasiado. Nos pasamos el día esforzándonos en llegar a tiempo a nuestra siguiente meta. Con la vista siempre puesta en lo que sigue, malogramos el presente. Así las horas se nos hacen largas y la vida corta. Séneca pensaba que los días se deberían vivir uno por uno y aun minuto a minuto, sin impacientarse. Según él, el hombre agobiado de quehaceres de lo que menos se ocupa es de vivir, pues le falta la conciencia del ahora, de ese mismo día de hoy que se nos va. Igual que una conversación o un recuerdo o una preocupación intensa engañan a los que van de camino y se dan cuenta de que han llegado antes de ser conscientes de estar acercándose, este veloz viaje de la vida lo perciben los atareados solamente al final de la jornada.

Baltasar Gracián estuvo de acuerdo. Recomendaba no vivir aprisa. Para él, saber distribuir la vida es saberla gozar. Escribió que los apresurados desperdician el caudal de su tiempo. "Como van con tanta prisa, acaban presto con todo y querrían después volver atrás. Son más los días que las dichas: en el gozar, despacio". El veredicto es claro: la mayoría de nosotros pasamos por alto el aprendizaje de la lentitud y nos agitamos en la prisión de la prisa. A estas alturas ya deberíamos haber comprendido el gran inconveniente de la velocidad: devora demasiado tiempo.

Tiempo de reír

La fiesta es más antigua que los primeros balbuceos de la historia. Ya nuestros antepasados de las remotas comunidades agrícolas inventaron la división entre el tiempo de labor y el tiempo festivo. El primero era el dominio de la seriedad y el esfuerzo, el segundo, de la risa y la celebración. En aquella época, las fiestas eran ocasiones de alegría y gratitud ante la sucesión de los ciclos naturales: los solsticios, la llegada de la primavera, la cosecha, la vendimia… Los pueblos primitivos conmemoraban entonces su comprensión del calendario astronómico, maravillados por ese descubrimiento que les concedía el don de la predicción. Con el desarrollo de la civilización, las fiestas religiosas y políticas se añadieron e impregnaron las originarias celebraciones campesinas.

La principal innovación es muy reciente. Tras una larga lucha por los derechos laborales, las leyes instituyeron el descanso semanal y las vacaciones remuneradas. Aunque parezcan semejantes y a veces se confundan, las fiestas y las vacaciones son concepciones muy distintas del tiempo, hijas de épocas muy alejadas. La palabra *vacaciones*, que comparte raíz con *vacío* y *vagancia*, deriva del latín y significa "estar disponible, desocupado". Frente a ese vacío reparador, la fiesta celebra la abundancia propiciando banquetes y regalos. Las vacaciones son el territorio de la libertad y cada cual decide cómo emplearlas. La fiesta, en cambio, es ritual, tradición, cantos típicos y creencias compartidas. Si en las vacaciones buscamos la comodidad, en la fiesta nos unimos a la comunidad.

Lameplatos

El adulador es la persona que quiere conseguir ventajas recurriendo no a la valía propia, sino a la vanidad ajena. Este tipo de traficantes de halagos han existido en todas las épocas. La palabra *adular* es muy antigua y comparte raíz con el verbo latino *agitar*, por comparación con el alegre movimiento de cola con el cual los animales saludan la presencia de quien los alimenta. La adulación siempre busca beneficios, es una treta que se resuelve en timo: el que nos da coba algo nos roba.

En el paisaje de la comedia antigua había un personaje habitual, el parásito, que hacía de la adulación su forma de vida. En una comedia de Plauto aparece retratado en plenitud de facultades el parásito Ganapán. Este hambriento perpetuo consigue camelarse a un militar fanfarrón para que le pague la cena, lanzándole su red de halagos: "Eres un héroe intrépido. En la India le rompiste la pata a un elefante de un puñetazo". "Y sin esfuerzo", dice el militar. "Segurísimo. Si hubieras puesto toda tu fuerza, tu brazo habría atravesado la panza y la boca del elefante. Bajo tus golpes perecieron un mismo día ciento cincuenta soldados en Cilicia, cien más en Sardes y sesenta en Macedonia". "¿Y eso cuánto suma?". "Siete mil". Plauto juega a la caricatura, pero nos avisa sobre el poder de los elogios para desarmarnos. Pues el adulador, siendo servil, acaba por dominar.

Avaricia

Por encima de las diferencias y malentendidos entre civilizaciones, el dinero habla siempre el mismo idioma. Literalmente. Nuestra palabra *dinero* tiene la misma raíz que *dinar*, una unidad monetaria que circula en países islámicos como Irak, Irán, Jordania, Túnez o Libia. Pues bien, las dos palabras derivan del latín *denarius*, una moneda romana acuñada con la imagen del emperador. Hace dos mil años, desde Hispania a la India, el dinero de Roma atravesaba fronteras y despertaba el mismo apetito en los aliados que en los enemigos del Imperio. El evangelio del oro ya atraía a muchos creyentes.

Hace siglos y siglos que el dinero nos fascina más que ninguna otra posesión, y en ciertas personas provoca una malsana pulsión acumulativa. A diferencia del hambre, la sed, el sueño o la mayoría de deseos concretos, la avaricia no tiene descanso en la satisfacción momentánea. Llegará el momento en el que no querremos más vino, más viajes, casas o coches, pero siempre desearemos ver crecer nuestra riqueza. ¿Por qué? Porque el dinero no es un bien, es la posibilidad teórica de acceder a todos los bienes, la llave de todas las cerraduras, la quimera de un porvenir seguro. Aunque tangible e incluso obsesionante, el dinero es en el fondo una abstracción (y aún más el virtual). No es fácil definirlo, pero sin duda el dinero nos define a nosotros.

Mucho cuento

Exigimos que los demás vayan al grano y hablen sin rodeos. Decimos: "Déjate de historias" o "No me cuentes películas". Pero, curiosamente, entendemos mejor los mensajes si tienen forma narrativa. Los cuentos son nuestros aliados: la mente asimila mejor los datos nuevos si están enhebrados en anécdotas, aventuras o ficciones; y los olvida antes si los encuentra aislados y sin marco. Llevamos milenios transmitiendo conocimientos de generación en generación gracias a los mitos y las fábulas.

Hoy pensamos que las leyendas llegan a nuestro mundo moderno, racional y evolucionado como huellas primitivas del amanecer de los tiempos. Sin embargo, nunca hemos dejado de construir mitos contemporáneos. Aunque no lo parezca, la ciencia, la historia y la economía también fabrican sus quimeras: la idea del progreso ilimitado, de la mano invisible que regula los mercados libres o de la sociedad del ocio en la que todos holgazanearemos mientras las máquinas hacen el trabajo duro. Ahora nos fascina sobre todo el mito del emprendedor. Nuestra historia favorita es la de un Steve Jobs melenudo creando con otros chavales una empresa multimillonaria en su garaje. Solo que, según su socio Steve Wozniak, nunca hubo tal garaje: es una leyenda inventada para cautivarnos. En nuestra época, como en el pasado, usamos la imaginación para crear las historias que nos gustaría creer.

Fábrica de enemigos

En la sociedad líquida es duro durar. El tiempo desgasta todo más rápido, y se puede morir tanto de éxito como de fracaso, por las expectativas crecientes o por la erosión de los sueños. Antes de la crisis creíamos que la democracia era irreversible, el club que nadie quería abandonar. Hoy crece en las encuestas el número de personas, sobre todo jóvenes, que aceptarían gobiernos no demo-cráticos, siempre que les garantizaran ciertos niveles de bienestar. El atractivo de la mano dura parece crecer entre aquellos que nunca la han experimentado.

¿Puede morir una democracia? Ya sucedió en la antigua Ate-nas, y tardó milenios en revivir. El filósofo Aristóteles, que la vio caer, escribió que en política todo es posible y nada es definitivo. Cada sistema, decía, posee un riesgo característico que anida siempre en su interior y amenaza con hacerlo fracasar. En el caso de la democracia ese peligro tiene el nombre de *demagogia*, una antigua palabra griega que significa "arrastrar al pueblo". Hoy que construimos celebridades de tuit en tuit, nos arrastran los líderes díscolos, telegénicos y entretenidos. La receta es antigua, como sabía Aristóteles: tratar a los contrincantes políticos no como per-sonas con convicciones diferentes, sino como gente peligrosa. El demagogo, recordémoslo, es quien promete protegernos de los enemigos que nos fabrica.

Triunfadores obligatorios

La historia del significado de las palabras es nuestra propia historia, pues la evolución del lenguaje es un espejo de nuestras ideas cambiantes. Una de las mutaciones más reveladoras es la del término éxito. En latín significaba "desenlace, salida" —de ahí el inglés *exit*—. En el pasado se asumía que nuestros afanes cosechan un resultado incierto: bueno, malo o una amalgama de ambos. Todavía en el siglo XVIII, Fernández de Moratín hablaba de "buen éxito" y "éxito infeliz". Estos usos implican que la palabra era neutral, no dividía el mundo entre ganadores y perdedores, y por eso había que adjetivarla. En cambio hoy solo cabe un desenlace, el éxito triunfador, y esa victoria es nuestro oscuro objeto de deseo.

Durante siglos, el fracaso y lo irremediable se consideraban parte inseparable de la vida. "Vivir no es un pasatiempo delicado", escribió Séneca. Sabía que todas las personas, incluso las mejor cobijadas, pagan peajes de pérdida y dolor. Veía que al nacer emprendemos un camino en el que es inevitable resbalar, tropezar, caer; y estas experiencias contienen valiosos mensajes de madurez y humanidad. En el mundo moderno, obsesionado por el progreso, la desgracia se volvió humillante e inaceptable. Así llegamos a los espejismos de nuestra época nerviosa, que predica con excesiva frecuencia la religión del final feliz y el éxito arrogante.

Hablar con los animales

Por misterioso que pueda sonar, comunicarnos con los animales es posible si ellos nos quieren prestar atención. Todos hemos podido comprobar la inquietante seguridad con la cual un perro sabe distinguir si su dueño sale de la habitación por motivos sin interés o por fin se prepara para el esperado paseo. De la misma forma, un caballo es capaz de obedecer las órdenes no expresadas de su habitual jinete con precisión casi telepática.

Si podemos llegar a ser tan transparentes en nuestros actos y estados de ánimo a ojos de un animal que nos ama es porque él sabe descifrar un antiguo código olvidado para nosotros. Se trata de un sistema de transmisión inconsciente de sentimientos y afectos que es mucho más viejo que la humanidad y que comunica, a través de movimientos expresivos apenas perceptibles, lo que un ser vivo siente o piensa hacer en un determinado momento. Sin duda los seres humanos hemos ido perdiendo la capacidad de captar esas señales a medida que fuimos perfeccionando el lenguaje hablado, pero algunas de ellas, las más visibles, todavía las comprendemos, como por ejemplo el bostezo o el gesto de fruncir las cejas. Los animales pueden percibir e interpretar correctamente muchos de esos levísimos signos, asombrosamente pequeños, que nosotros emitimos sin ser conscientes, pues compartimos con todas las especies una mímica instintiva en gran medida idéntica, que desvela sin posibilidad de engaño nuestras intenciones y afectos. Por eso, los animales nos recuerdan que, aunque parezca mentira, nuestro cuerpo está siempre diciendo la verdad.

Mercado de futuros

Dedicamos muchas horas del presente a anticipar el futuro. En nuestra sobresaltada actualidad somos bombardeados a diario con visiones del porvenir: expectativas de crecimiento económico, encuestas de intención de voto, vuelcos bursátiles provocados por un pálpito colectivo. A estas alturas sabemos que los pronósticos repetidos —y creídos— desencadenan una serie de circunstancias que favorecen su cumplimiento. Ahí reside el doble juego de estas predicciones: los oráculos alteran el futuro que dicen prever.

Los antiguos griegos eran conscientes de la paradoja de la profecía autocumplida. La sibila de Delfos vaticinó que Edipo mataría a su padre y se casaría con su madre. Para evitar esos crímenes terribles, escapó del hogar donde creció, sin saber que era hijo adoptivo, y llegó a Tebas, donde vivían sus auténticos padres, que lo abandonaron de niño. Intentando huir de su destino, Edipo lo hizo realidad, y fue a la vez verdugo y víctima de la tragedia anunciada. Hoy abundan ejemplos similares en los estudios demoscópicos o en la bolsa. Seguimos venerando a los oráculos, inconscientes de su poder manipulador: los rumores causan pérdidas reales en los mercados, mientras las encuestas electorales atraen votos hacia los partidos a los que pronostican el triunfo. Queremos conocer el porvenir para correr heroicamente en ayuda del vencedor.

En su salsa

A los que ganan dinero nunca se les llama locos, es cierto, pero también es verdad que algunas fortunas se construyen sobre las bases más inesperadas. Los romanos de la Antigüedad soñaban tan apasionadamente con hacerse ricos como nos sucede hoy a nosotros, sus descendientes. En una finca rescatada de la lava volcánica en la ciudad de Pompeya se ha encontrado una frase escrita sobre el pavimento con piezas de mosaico: "Bienvenidas, ganancias". Y en una casita pequeñísima de la misma ciudad, donde el dinero parecía ser una quimera, todavía podemos leer el lema: "El lucro es un placer".

Pues bien, un producto que hizo furor entre los romanos y que creó grandes patrimonios, lucrando a unos y dando placer a muchos, fue el *garum*. Se trataba de un hallazgo gastronómico, una salsa elaborada a base de entrañas de distintos pescados, como caballas o anchoas, que se ponían en salmuera y se dejaban un par de meses en una pila a fermentar y descomponerse al sol. A pesar de su olor penetrante, se atribuían al *garum* cualidades saludables, entre ellas excitar el apetito y facilitar la digestión. Se convirtió en un artículo de primera necesidad en la cocina romana y su condimento favorito. En época imperial se consideraba de calidad superior el *garum* fabricado en la ciudad de Cartagena, por el que se llegaron a pagar precios extraordinarios. En realidad, podemos afirmar que el *garum* fue el primer gran producto

112

español que se impuso al mundo civilizado. Algo olía a podrido en el Imperio romano, y curiosamente era un formidable negocio para sus fabricantes y distribuidores.

Mirarse el ombligo (II)

Todos hemos olvidado nuestra primera ruptura, nuestra primera gran separación, pero tenemos una juguetona cicatriz para recordárnosla: el ombligo. *Ombligo* es una palabra remota, más antigua que el griego y el latín, pues remonta a una raíz indoeuropea. Significa "abolladura". Su forma tiene algo de nudo y de caracola, se parece al ojo de una cerradura por la que nos gustaría espiar el interior de otro ser vivo, por donde el dedo puede adentrarse en su cuerpo. El ombligo es una parte fascinante de la humanidad. Ya en el Cantar de los Cantares se evoca su encanto sensual: "Tu ombligo es taza torneada que nunca está falta de bebida, tu vientre, como un montón de trigo cercado de lirios...". Y es verdad, la belleza de un vientre liso necesita de ese rebelde remolino de carne. Por ser tan sugerente, la gastronomía lo ha querido recrear. Se dice que la forma de los *tortellini*, una variedad de pasta italiana, estaría inspirada en el ombligo de Venus, la diosa del amor erótico. Tienen forma de anillo relleno y se sirven con crema. Una jugosa alternativa culinaria es la naranja Navel, que en inglés significa precisamente "ombligo". Y es que en la anatomía de esa fruta hay un recoveco nudoso muy semejante al nuestro.

Se sabe que la pasión por el ombligo llevó a unos monjes ortodoxos griegos del siglo IV a rezar con la mirada puesta en él, pues creían que era el centro del cuerpo y el nexo de unión con la vida. De ellos deriva la palabra *onfalopsiquista*, que se aplica al que está obsesionado consigo mismo, al que confunde la bóveda de su ombligo con la del universo.

Criticón

Si algo falla, ¿por qué será que sentimos alivio y una súbita recomposición del orden del mundo cuando le echamos la culpa a otro? No éramos nosotros, eran los demás los que estaban equivocados, los torpes o ineptos, pensamos. Pero esta técnica para apaciguarnos a nosotros mismos se llega a convertir en una gran lacra. A fuerza de pedir cuentas a los demás, nos olvidamos de la elemental aritmética de los errores propios.

Los antiguos griegos creían en la existencia de un dios llamado Momo que no hacía nada más que criticar a los otros dioses y a los hombres. Sus actividades consistían únicamente en encontrar faltas. Momo era un hijo de la Noche, la personificación del negro impulso de atacar al prójimo que anida en todos nosotros. Siglos después, el escritor Baltasar Gracián creyó que esta inquietante figura de la religión antigua servía para explicar la vida, así que lo hizo aparecer como personaje en un episodio de su obra *El Criticón*. Lo representaba lanzando piedras en un mundo en el que los tejados de todas las casas eran de un vidrio tan delicado como sencillo, muy brillantes, pero muy quebradizos. Debido al pedrisco continuo que Momo provocaba y a la fragilidad material de las guaridas humanas, pocos tenían sobre su cabeza un techo sano y ninguno entero.

Como los habitantes de la ciudad cristalina de la que hablaba Gracián, también nosotros nos resentimos de las pedradas que recibimos, pero consideramos muy justas las que lanzamos. En nuestro vocabulario, *criticar* es un verbo de conjugación irregular, varía con la persona: yo atino, tú criticas, él insulta.

Tabú

Eutanasia es una palabra griega. Y griego es el mito donde, por vez primera, alguien pide ayuda para morir, angustiado por un dolor insoportable. Según la leyenda, Quirón era un centauro pacífico, experto en música y plantas curativas. Un día desgraciado lo alcanzó en la rodilla una flecha empapada en la sangre de la Hidra venenosa. El centauro se retiró aullando; era semidivino, y el don de la vida eterna se convirtió en una terrible carga. Torturado por su herida incurable, suplicó a los dioses compasión. Tan solo se apiadó de él un mortal, Prometeo, que a su vez sufría un tormento sin remedio en el hígado. Cediéndole su inmortalidad al amigo luchador, Quirón se liberó por fin y ascendió al cielo como la constelación Sagitario.

Prometeo y Quirón representan dos formas opuestas de afrontar el dolor cuando no hay esperanza de curación o posibilidad de alivio: soportar o elegir dejar de sufrir. Hoy la medicina proporciona cuidados que ayudan a paliarlo, pero nos enfrentamos al mismo dilema en situaciones terminales y extremas. ¿Dónde está la frontera entre prolongar la vida y prolongar la muerte? ¿Qué ofrece la ley a quienes no quieren vivir enjaulados en el dolor? ¿Solo puede haber una respuesta —la misma— para Quirones y Prometeos? Es importante plantear estas preguntas, porque morir bien es uno de los deseos más universales de los vivos.

La silla del olvido

En apenas una generación hemos pasado de cuidar celosamente nuestra intimidad a la incontinencia exhibicionista. Dejamos que el móvil registre con detalle adónde vamos, qué ruta seguimos o dónde nos entretenemos. Al conectarnos, aceptamos que nuestros datos, filias, fobias y vicios queden indexados y catalogados. Nosotros mismos exponemos las vidas propias y ajenas en las redes sociales. Fascinados por el mundo virtual, obviamos los peligros de la falta de privacidad: pérdida de oportunidades profesionales, ataques informáticos, chantajes, acoso y persecuciones.

Según la mitología antigua, en un remoto lugar de Grecia existía la silla del olvido. Quien se sentaba en ella quedaba borrado de la memoria de todos. Los héroes Teseo y Pirítoo, tras provocar un tremendo escándalo, pasaron una larga temporada de retiro en ese mueble mágico. Un fenómeno parecido empieza a tener demanda entre nosotros. En el mundo actual, el último grito son las estancias de desintoxicación digital en hoteles donde se deja el móvil bajo llave en recepción. Cansados de sobreexposición, añoramos el viejo edén analógico y desconectado. Andy Warhol anticipó la época en que todos seríamos mundialmente famosos durante quince minutos. En el futuro, tal vez, los más ricos pagarán por una hora de anonimato: la silla del olvido podría llegar a ser un lujo memorable.

Las máscaras del héroe

Toda sociedad crea sus mitos en la forja del pasado. Las leyendas son relatos que nutren emociones y sentimientos de pertenencia, epopeyas más grandes que la vida misma. El peligro reside en confundirlas con la realidad: las historias de los héroes nunca sucedieron como nos las cuentan.

Quienes hoy añoran a Rodrigo Díaz de Vivar y sus hazañas en la llamada Reconquista no deberían creerse poseedores de la verdad histórica. La figura del Cid no encajaría con lo que hoy entendemos por patriota; fue más bien un mercenario que se alquiló tanto a caudillos cristianos como musulmanes. Recibió el sobrenombre Cid —en árabe, "señor"— por sus victorias a las órdenes del rey hudí de la taifa de Zaragoza. Ciertos episodios del *Cantar* tienen sin embargo una sorprendente actualidad, como la violencia de los infantes de Carrión contra las hijas del Cid, doña Elvira y doña Sol —que en realidad se llamaban Cristina y María—. La respuesta del Cid en el robledal de Corpes es rotunda: se indigna ante el maltrato, exige anular los matrimonios y castigar a los agresores. El legendario caballero cristiano resultó ser un luchador frente a la violencia contra las mujeres. Los mitos no cuentan la verdad histórica, pero son aventuras cargadas de significado político, moral e ideológico. Nuestra lectura de estas fantasías explica quiénes somos en realidad.

Ecos gemelos

Piedra oscura, luz pálida. Los cimientos de las dos torres truncadas albergan el Memorial del 11 de septiembre. Se conservan fragmentos del edificio retorcido, extrañas figuras de metal esculpidas por la catástrofe, ecos de destrucción. En un gran frontispicio, una frase del poeta romano Virgilio recuerda al visitante sobrecogido: "Ningún día os borrará de la memoria del tiempo". Tras esa pared, dice un cartel, hay restos humanos.

Los responsables del Memorial escogieron a Virgilio para dar voz al duelo mundial. Algunos se han preguntado por qué elegir a un autor lejano, nacido a orillas de un mar antiguo y en una civilización extranjera, que escribió en latín y murió hace dos milenios. Quizá porque Virgilio fue el primer escritor en dar protagonismo a esas vidas anónimas amputadas por los conflictos históricos. Desde siempre los poemas épicos tratan sobre la guerra, las hazañas, victorias y derrotas de sus héroes; pero los versos de Virgilio atraviesan el campo de batalla deteniéndose junto a los heridos y escuchando a quienes deliran o sufren. La *Eneida* se compadece de los seres anónimos del mundo roto que dejan las huestes a su paso. Tal vez por eso hemos acudido de nuevo al viejo clásico en busca de un mensaje de esperanza y memoria: porque la voz del pasado puede hablar en futuro y evocar el soplo de vida que aún susurran los muertos.

Poder enterrado

"Los muertos son señores poderosos", escribió Freud. Las tumbas no son lugares de descanso, sino de memoria. Por eso, tantos líderes han sido enterrados pomposamente en mausoleos gigantescos y exhibidos en medio de apabullantes escenografías. Según la misma lógica, los restos de dirigentes vencidos como Hitler o Bin Laden fueron eliminados para que no tuvieran sepultura ni peregrinos de su recuerdo.

En la Edad Media, las ciudades se disputaban las reliquias de los santos célebres, que eran sinónimo de peregrinaje, comercio y prosperidad. Dos mercaderes venecianos en viaje de negocios tuvieron la arriesgada ocurrencia de apropiarse del cadáver de san Marcos, enterrado en Alejandría. Una noche secuestraron al difunto y lo ocultaron en un cargamento de carne de cerdo, donde las autoridades musulmanas no hacían registros. La gran basílica veneciana se construyó como sepulcro para las reliquias robadas. A través del tiempo, las tumbas de caudillos han jugado un papel simbólico, casi mitológico. El cadáver de Lenin fue embalsamado para que millones de peregrinos ateos pudieran ver al líder del mundo obrero. La pirámide que erigieron en plena Plaza Roja de Moscú fue durante décadas el centro espiritual del Imperio soviético. Con los símbolos se hace política, los restos sustentan relatos. Y así las sombras del poder sobreviven más allá de la muerte.

Aguafiestas

Siglos de evolución nos han dejado una herencia envenenada. Según los neurólogos, nuestro cerebro se concentra en los peligros de cada situación y relega a un segundo plano los alicientes más placenteros. Es lógico. Podríamos subsistir sin gozar, pero en cambio sería mortal ignorar las amenazas. La selección ha favorecido a los más aptos para sobrevivir, no a los más propensos a ser felices.

Cualquier contrariedad nos amarga el placer, como le ocurría en un antiguo cuento chino a un humilde cantero. Primero anheló transformarse en un rico comerciante. Por arte de magia, su súplica fue atendida. Al ver el cortejo real, envidió al emperador y de inmediato ocupó el trono. Después una sequía asoló el país, demostrando el poder del sol. El cantero quiso convertirse en el astro rey y también se le concedió. Pudo admirar el incomparable espectáculo del mundo desde arriba, hasta que unas nubes se interpusieron. Incapaz de soportar que lo cegaran, prefirió ser nube y el cambio no se hizo esperar. Pero entonces un soplo de aire lo deshilachó, así que suplicó volverse viento. Azotó el campo con fuerza huracanada, pero se estrelló contra una montaña. Soñó con ser un pico altivo y lo obtuvo. Cuando creía haber alcanzado la felicidad máxima, notó que un cantero lo atormentaba con su mazo y añoró su antigua vida. Todos somos así: nos fijamos mejor en lo peor.

Rabiosa actualidad

Nada más difícil que reírse de los asuntos (verdaderamente) graves, de los miedos colectivos, de los fracasos propios. Hacer comedia sobre las preocupaciones candentes de la actualidad supone correr riesgos, tantear los límites y someter al espectador a una experiencia a veces liberadora, a veces ofensiva, en todo caso audaz.

Las comedias griegas antiguas se escribieron en su mayoría mientras Atenas estaba en guerra y su territorio era saqueado por los espartanos. La población rural se vio obligada a refugiarse tras los muros de la ciudad, donde vivía hacinada y añorando sus hogares destruidos. Hacía falta bastante valor para hablar de la guerra en broma. El comediógrafo Aristófanes lo hizo en muchas de sus obras teatrales carnavalescas y alocadas, y tuvo que someterse a juicio acusado de calumnias. En una famosa pieza, el protagonista, Diceópolis, harto de la guerra, decide desentenderse de la comunidad y firmar la paz por su cuenta con el enemigo para que respete solo sus tierras. Bajo esa idea humorística, el escritor ateniense denunciaba los riesgos de la democracia asediada: en épocas de crisis, la solidaridad se debilita y crece el empuje de los egoísmos. Diceópolis, que al principio de la comedia era un buen ciudadano, cambia en consonancia con los tiempos, y concluye de forma a la vez cómica y triste: todos van a lo suyo, menos yo…, que voy a lo mío.

Río sin retorno

Una noche de enero, un hombre muy poderoso camina en secreto a orillas de un río. Al meditar sus planes, siente el vértigo de las imprevisibles consecuencias. Cuando sus partidarios van llegando, les susurra: "Todavía podemos retroceder". Casi dos mil años nos separan de esas horas de duda que angustiaron a Julio César, pero aún recordamos los acontecimientos que comenzaron en aquel amanecer invernal.

César era gobernador de la Galia y estaba al mando de varias legiones. Una antigua ley prohibía a los generales entrar en Italia con sus tropas y armamento, para evitar tentaciones golpistas. El pequeño arroyo, llamado Rubicón por el color rubio de sus aguas arcillosas, marcaba una frontera sin retorno: si el general lo atravesaba con sus soldados en armas, desobedecía al Senado y se convertía en enemigo público. Por eso, César conoció el sabor del miedo en la ribera del riachuelo nocturno. Cuentan que, cuando al fin ordenó traspasar la delgada línea de agua, pronunció una frase de tahúr: "Que rueden los dados" o, según otros, "La suerte está echada". Hoy seguimos usando la expresión "Cruzar el Rubicón", como símbolo de un punto sin vuelta atrás. Quien lo traspasa se juega el todo por el todo y, aunque se arrepienta, ya no podrá regresar a la situación anterior. Al otro lado del amarillo Rubicón, el pasado es un recuerdo, un país extranjero.

Cuestión de confianza

En esta extraña era política que vivimos, mucha gente desconfía de las matizaciones de los expertos y, en cambio, da crédito a quienes enarbolan afirmaciones rotundas. Las agitadas tertulias televisivas y las redes sociales siempre ardiendo actúan como cajas de resonancia para las voces más drásticas. Convertidos en cazadores de certezas en ciento cuarenta caracteres, escuchamos cada vez menos a los que dudan. Quizá hemos olvidado las enseñanzas de un sabio que, allá en la lejana Grecia antigua, se hizo famoso por su humilde máxima: "Solo sé que no sé nada".

Los psicólogos Dunning y Kruger abordaron la relación entre ineptitud y vanidad con un sorprendente experimento. Reunieron a un grupo de estudiantes universitarios y, tras someterlos a un test de inteligencia, les pidieron una valoración de sus propias capacidades. El resultado fue muy revelador: los alumnos más preparados creían estar por debajo de la media, mientras los menos dotados estaban convencidos de contarse entre los mejores. Los dos científicos concluyeron que la incompetencia del mediocre le impide darse cuenta de su ausencia de habilidad o reconocerla en otros. Al escuchar las proclamas encendidas de los abanderados y chamanes del presente, tan convencidos de su propia valía, convendría recordar esta paradoja: la ignorancia crea más seguridades que el conocimiento.

Lotería política

Las elecciones parecen hoy un buen sistema para escoger a nuestros gobernantes, pero los primeros demócratas de la historia preferían dejar la decisión en manos del azar. Aunque suene extraño, los antiguos atenienses rifaban los principales cargos: Aristóteles nos cuenta que introducían en una tinaja los nombres de los aspirantes y en otra, habas blancas y negras. Quien extraía un haba blanca era nombrado, mientras las negras eliminaban a los candidatos. Allí nació la frase "Son habas contadas" y la expresión "Tener la negra", o sea, sacar la legumbre oscura que señalaba la derrota.

Los griegos creían que el sorteo de cargos públicos era el procedimiento más limpio. Así atajaban la financiación ilegal de las campañas, las intrigas y las hipotecas electorales. Además, solo permitían ejercer las principales magistraturas una vez en la vida y durante un año, lo que dejaba pocos resquicios para dedicarse profesionalmente a la política —aún no existía nada parecido a la maquinaria de nuestros partidos—. Sin embargo, el tiempo les enseñó que ciertos puestos no pueden confiarse a la suerte, pues requieren formación y experiencia. Los fundadores de la democracia entendieron pronto la complejidad de los nombramientos. Y es que resulta difícil mantener un equilibrio entre las dos caras de la política: gobernar como oficio y como servicio.

Invisibles

Desde el origen de los tiempos soñamos con el poder de volvernos invisibles. Los perfiles y los comentarios de internet firmados con seudónimo ofrecen un sucedáneo de ese antiguo anhelo. En un mundo peligroso y vigilado, el anonimato parece protegernos de las consecuencias de nuestras palabras. Pero la libertad de expresarnos bajo el disfraz de otro nombre adquiere a veces tintes siniestros. Los sueños cumplidos producen monstruos: cualquiera puede insultar, suplantar a otros o amenazar sin consecuencias.

Los filósofos griegos ya se preguntaron qué sucede al desaparecer la responsabilidad y el riesgo de nuestras acciones. Platón cuenta en su *República* una leyenda sobre los actos impunes. Había una vez un pastor llamado Giges que, tras un terremoto, encontró un cuerpo sin vida al fondo de una sima. El pastor arrebató al cadáver un anillo de oro. Pronto descubrió que tenía poderes mágicos: haciéndolo girar en el dedo, volvía invisible a su dueño. Giges usó la magia del anillo para robar, enriquecerse, seducir a la reina de su país y, con su complicidad, matar al rey, apoderándose del trono. El filósofo se preguntaba cuántos de nosotros, incluso convencidos de ser buenas personas, actuaríamos como Giges bajo el manto de la impunidad. El cuento de Platón detecta una inquietante paradoja: mostramos nuestro verdadero carácter cuando nos creemos invisibles.

Manzana de la discordia

Quisieras no haber escuchado esas voces en la infancia. ¿Recuerdas la primera vez que alguien te hizo sentir inferior a otro niño? Fíjate qué notas saca, es el mejor del equipo o el más simpático; en cambio tú… En algún momento de tu niñez, palabras como esas alimentaron tus inseguridades, tu miedo, tu timidez. Según un antiguo mito griego, las odiosas comparaciones han provocado grandes catástrofes.

Zeus celebró una gran fiesta en el Olimpo, pero no invitó a Eris —personificación de la discordia—. En venganza, Eris arrojó en medio del baile una manzana de oro "para la más bella". Tres celebridades divinas, Hera, Atenea y Afrodita, empezaron a reñir por el premio, en el primer concurso de belleza conocido. Las candidatas exhibieron sus encantos ante el juez y, bajo mano, le ofrecieron regalos en caso de ser elegidas —la corrupción es tan antigua como los dioses—. Ganó Afrodita, que sobornó a Paris, único miembro del jurado, prometiéndole la mujer más guapa del mundo. Cuando Paris secuestró a la bellísima Helena para cobrar su recompensa, estalló una guerra sangrienta en Troya. La manzana de la discordia reaparecería en los cuentos de hadas: con ella la madrastra de Blancanieves, obsesionada por el veredicto del espejo, envenena a su rival. Las viejas historias muestran que, para evitar males futuros, es preciso parar de comparar.

La revolución de la palabra

Nuestros cuerpos han sufrido cambios asombrosos para que podamos hablar. Primero fue necesario erguirse y dejar de andar a cuatro patas. Así pudo acomodarse el cráneo sobre la columna de forma muy distinta al resto de los cuadrúpedos; a partir de ahí el cuello se alargó y permitió que la laringe y las cuerdas vocales se recolocaran en una nueva posición, apta para la fonación. A lo largo de milenios, sucedieron mutaciones genéticas que transformaron las conexiones internas del cerebro de los *sapiens*. Entonces surcaron el aire unos raros susurros lingüísticos, la nueva melodía del pensamiento. Gracias al instrumento musical alojado en su garganta, nuestra especie encontró el árbol de la sabiduría: aquellos antepasados consiguieron crear infinitas frases con unos pocos sonidos, y empezaron a observar, a soñar, a decir verdades y mentiras. Hace entre setenta y cuarenta mil años sonaron las primeras conversaciones, los primeros cantos, los primeros cuentos.

Imaginemos cuánto tiempo hay detrás de cada palabra, cuántas modificaciones del esqueleto y de la fisiología fueron necesarias para convertir los gritos animales en sonidos articulados y dotarlos de un significado. Hemos necesitado esfuerzos increíbles y miles de años de transformación humana para comunicarnos. Entendernos y construir acuerdos debería ser un poquito más rápido.

Sueño fugitivo

Las noches de insomnio son desiertos donde el tiempo se vuelve enemigo. Con los ojos abiertos, intentas vaciar la mente y empiezas a contar hasta mil. Escuchas pasos, ladridos lejanos, el susurro del tráfico o del viento. En algún momento decides encender la radio o leer un libro o recorrer el pasillo en sombras para visitar el frigorífico. Lo intentas aunque sabes que no engañarás al insomnio a fuerza de ignorarlo. Una lenta procesión de horas va pasando, el desasosiego crece: qué será de ti mañana sin apenas dormir. Tu cerebro ordena que te calmes. Pero, cuanto más te esfuerzas en atrapar el sueño, más lejos escapa.

Los libros de autoayuda nos prometen que haremos realidad nuestros deseos si perseveramos en una serie de recetas. Pero la vida no se cultiva con fórmulas mecánicas; muchas cosas esenciales, como dormir, huyen de la voluntad obsesiva. El filósofo y economista John Stuart Mill creía que la felicidad es una de ellas: "Solo son felices, creo, los que fijan la mente en algo distinto: el bienestar de otros, la mejora de la humanidad, un nuevo proyecto, seguir aprendiendo. Preguntaos si sois felices y dejaréis de serlo. Apuntando hacia otra cosa, ocurrirá por sorpresa". Mil veces nos dirán que querer es poder, pero hay demasiadas excepciones. Según Stuart Mill, alcanzamos ciertos sueños justo cuando olvidamos perseguirlos.

Corazón tan blanco

Las campañas electorales son eliminatorias entre funambulistas, espectáculos de equilibrismo. Los candidatos necesitan parecer astutos pero sinceros, serios pero simpáticos, interesados por el bien común pero generosos con sus partidarios. Y es importantísimo limpiar la fachada de su vida privada para merecer la estima pública. De hecho, la palabra misma alude a una operación de blanqueo. En la antigua Roma, los candidatos se distinguían por vestir una toga aclarada con yeso.

Durante la república, las legislaturas duraban solo doce meses y, por tanto, todos los años se convocaban elecciones generales. Como aún no existían medios de comunicación, los romanos idearon un sistema visual para dar a conocer a los aspirantes. Quienes se presentaban a la contienda electoral vestían una toga excepcionalmente blanca y limpia, llamada *toga candida*, que tenía una doble función: señalar con luz propia al candidato y recordarle que debía ser pulcro en su conducta. Pero muchos de esos gobernantes republicanos, como Craso o Julio César, distaban de ser intachables. Hoy las altas esferas del poder suelen ocultar sótanos oscuros: las campañas y la maquinaria de los partidos precisan de un fuerte respaldo económico que termina por enturbiar el expediente más inmaculado. En lugar de líderes apabullantes, quizá deberíamos soñar con candidatos más cándidos.

Arte de exagerar

Un currículum es un autorretrato adornado: un documento sospechoso de versiones corregidas y aumentadas. Al investigar la formación académica declarada por nuestros líderes, descubrimos que en sus trayectorias abundan las denominaciones elásticas: un curso se convierte alegremente en un postgrado, o los estudios inacabados, en licenciatura. Exagerar es una costumbre risueña y contagiosa que, poco a poco, se desliza hacia el pantanoso terreno de las medias mentiras.

Los gobernantes de la antigua Roma, que no escribían currículos, estaban sujetos a los requisitos y limitaciones del *cursus honorum*, la carrera política. Se fijó por ley un camino reglamentario que avanzaba, peldaño a peldaño, desde el servicio militar hasta el cargo de cónsul. Solo llegaba a la cima quien había desempeñado una sucesión obligatoria de puestos —cuestor, edil, pretor—. Era un trayecto exigente donde no cabían atajos ni mentiras. Sin embargo, en tiempos de deterioro político se agudizaron las excepciones y abusos contra ese sistema garantista. La manipulación y la falta de honradez se convirtieron en costumbres generalizadas para el rápido ascenso público. Hoy como entonces, los engaños corroen el pacto implícito del voto. Cuando los candidatos falsifican impunemente sus méritos, los procesos de elección no son sanas competiciones, sino burdas coronaciones.

Sed

Un día de calor asfixiante a orillas del Ebro. La lucha por el poder en Roma ha llegado hasta Hispania. En la Península, dos poderosos ejércitos buscan la rendición del otro. Julio César consigue que su enemigo abandone las murallas de Lérida camino de la actual Mequinenza. Casi al final de la ruta corta el paso a las tropas, dejándolas encerradas en unas ásperas colinas, sin agua. Incluso el acceso a las acequias y los pozos está cortado. El sol brilla febril en un cielo inflamado. El calor reverbera por todas partes y quema como combustible encendido. Los soldados que han caído en la trampa miran a su alrededor guiñando los ojos cegados. Empiezan a cavar, primero con picos de zapador, luego con sus espadas, a la desesperada, buscando entre las arenas el más pequeño hilo de agua, pero solo consiguen sudar y ahondar en el terror de la sed. Si les parece notar humedad, exprimen los terrones contra sus labios. Mastican hierbas y hojas, tratando de sacar algún jugo. Sus bocas resecas se van quedando rígidas; las lenguas, ásperas. Se les contraen las venas, los pulmones se comprimen. Su respiración profunda hace que les duela el paladar agrietado. Sin embargo, abren la boca y sorben el aire caliente. Se quedan mirando las nubes secas. Luego bajan la vista hacia el valle. Están encerrados en una zona de collados entre el Segre y el curso rápido del Ebro. Desde su posición pueden ver los ríos vecinos, pero no alcanzarlos.

Las tropas, acorraladas y sin provisiones, se entregan a Julio César. No han llegado a combatir. Un día de calor asfixiante a orillas del Ebro en el año 49 a. C.

Rendición

¿Cómo era el día después de las elecciones hace dos mil quinientos años? En la antigua Atenas, los gobernantes recién elegidos sufrían un duro interrogatorio. Les preguntaban por cuestiones morales —por ejemplo, si trataban con respeto a sus padres— y patrióticas —sobre todo, si pagaban sus impuestos—. Acto seguido todos se comprometían a trabajar por el bien de la ciudad y realizaban un solemne juramento: jamás someterían a votación nada contrario a las leyes. Para los griegos, la ley definía el camino y los límites de los políticos justos.

Al mismo tiempo, los altos cargos cesantes debían afrontar una dura fiscalización de fin de mandato. Un comité formado por diez contables estudiaba el gasto público, un precedente milenario de nuestras auditorías. Después, un equipo de diez *enderezadores* se sentaba en el ágora durante tres días y anotaba todas las acusaciones de los ciudadanos contra los gobernantes de la anterior legislatura. Tras escuchar las denuncias, llevaban a los tribunales las más sólidas. Aquellos primeros demócratas eran muy exigentes con sus políticos; hoy en cambio la lógica de bloques y partidos tiende a diluir las responsabilidades individuales. Recordemos a los griegos y desconfiemos de los líderes cuya única obsesión es derrotar al rival. En democracia, la rendición más importante no es la del adversario, sino la rendición de cuentas.

Tarjetas de crédito pensativas

Es un hecho empírico: nos gusta disfrutar las cosas buenas de la vida. La gran pregunta, desde tiempos antiguos, es dónde encontrar esos brotes de felicidad. El placer necesita aliarse con la inteligencia, que decide cómo buscarlo. A partir de esta idea, el griego Epicuro inventó la ciencia de gozar.

Hoy no creemos necesitar a un filósofo para estas frivolidades del deleite. Actuamos como si la clave de la buena vida fuera una tarjeta de crédito humeante. Hace dos mil trescientos años Epicuro escribió con humor que la riqueza no debería ser un estorbo para nadie, pero los auténticos ingredientes de la felicidad son baratos: el sosiego, la libertad y, por encima de todo, las amistades. Cuando llegó a Atenas con treinta y cinco años, compró una finca en las afueras, llamada el Jardín, y ofreció a sus amigos mudarse a vivir con él. Reservó una habitación propia para cada uno y zonas comunes para largas sobremesas de conversación. La alegría, pensaba, necesita compañeros. Es curioso que esta filosofía del placer y los afectos se haya malinterpretado tan a menudo. Hoy llamamos epicúreos a los amantes del lujo, pero Epicuro distaba de ser un sibarita derrochador: vestía ropa sencilla y se alimentaba a base de pan, queso y olivas. A este antiguo *gourmet* de la amistad no le importaba la exquisitez de lo que comía y bebía, sino con quién.

Enigmas de la melancolía

Creemos que los enfermos mentales son peligrosos y permanecemos alerta, aunque la estadística muestra que cometen menos delitos que la población general. Resistente a los datos, el prejuicio viene de lejos: nuestros antepasados pensaban que la locura era un castigo divino. En lucha contra la superstición y la culpa, el médico Hipócrates intuyó por primera vez el origen químico de la enfermedad mental. Definió la salud como equilibrio de cuatro fluidos: sangre, flema, bilis amarilla y negra. Al exceso de bilis negra lo llamó melancolía, un trastorno cuyos síntomas eran "miedos y tristezas". Aristóteles fue capaz de fijarse en los talentos de los enfermos, más allá de sus limitaciones. Escribió: "Son melancólicos muchos personajes destacados de la política y el arte".

Hoy todavía confundimos estas dolencias con rarezas o falta de coraje para vivir, incluso las mantenemos ocultas y mal conocidas. Se calcula que un cuarto de la población sufrirá un problema de salud mental a lo largo de su vida, y la mayoría experimentará diversas formas de rechazo. Nadie debería ser catalogado solo por un diagnóstico: algunos de estos enfermos han sido —tardíamente— reconocidos por la posteridad como lúcidos creadores o genios de la ciencia. Para gran parte de la sociedad, los trastornos de la mente siguen siendo un enigma: no los convirtamos en estigma.

El peine de los muertos

El dolor de la ausencia es siempre el mismo, pero en cada época se atiende a los muertos de una manera propia y peculiar. Por eso, gracias a las tumbas se puede aprender mucho sobre las vidas de la gente del pasado. Los antiguos egipcios, que construyeron los sepulcros más grandiosos, creían que todos los muertos eran juzgados en el tribunal de los dioses. Allí se colocaba el corazón del difunto en el platillo de una balanza, y en el otro platillo, una pluma de avestruz. El corazón, si era justo, debía pesar menos que la pluma. Los que tenían el corazón pesado por abusos o codicia sufrían la aniquilación y el olvido. Quienes eran declarados justos habitaban para siempre en el reino de Osiris, situado donde la Vía Láctea se convertía en el Nilo celestial. En la esperanza de esa nueva existencia, los ricos se hacían enterrar rodeados de todo lo que necesitarían: jarras de agua, vino, maíz, pastas y dátiles, armas para cazar, pilas de ropa, libros en papiro, joyas, amuletos y hasta peines.

Es curioso que aquellos egipcios imaginasen la vida futura como una continuación de la vida que conocían, suponiendo que en el más allá seguirían peinándose, llevando ropa o leyendo. En cambio, nuestra experiencia dice que quienes sobreviven a un ser querido ya no pueden llevar la misma vida de antes, pues quedan mutilados por la ausencia. Todavía hoy, al enterrar a alguien amado, sentimos lo duro que es el combate contra la herida causada por la muerte. Y es que, también en el doloroso *ring* de las añoranzas, el corazón debe ser un peso pluma.

Los imperios perdidos

Cuando el futuro da miedo, algunos se inventan pasados a los que supuestamente podríamos volver. Aquellos buenos tiempos. Las épocas doradas, los siglos de oro, el orgullo imperial, el colonialismo, las conquistas y reconquistas. Seamos de nuevo los jefes del cotarro, nos dicen. Estamos hartos de incordios (entendiendo por incordio la globalización y el siglo XXI). Y nos invitan a regresar a un pasado que nunca existió.

La nostalgia y la historia-ficción ya han mostrado su rostro político más oscuro y extremo. En el siglo XX, el fascismo italiano fue el campeón del retorno a tiempos más gloriosos. Su nombre deriva de los *fasces*, emblema de autoridad de los antiguos magistrados romanos. La palabra misma era un manifiesto de intenciones. En la antigüedad, los escoltas de los gobernantes iban armados cada uno con un haz de varillas atadas con una tira de cuero y rematadas por un hacha. Las varas representaban la licencia para flagelar; y el hacha, para matar. A Mussolini y los suyos les atraía el doble símbolo: el regreso a la Roma clásica y el poder de castigar la disidencia. La escenografía romana, los desfiles, el autoritarismo y las fanfarronadas ocultaban en realidad una profunda angustia frente a las incertidumbres del porvenir. Este es siempre el problema en los periodos convulsos: aceptar que el futuro ya no es lo que era.

Prestidigitadores

Un mago sube al escenario. Va a embaucar a cientos de personas que lo observan fijamente. Su único secreto consiste en conocer las lagunas del cerebro humano: cuando recibimos una avalancha de información, la mente capta solo los elementos más llamativos. Por eso, el prestidigitador habla sin descanso, señala, hace gestos exagerados, cuenta chistes, dirige las miradas. Sobrecargando la atención del público, el ilusionista logra camuflar sus trucos.

Desde tiempos remotos existen políticos hábiles en esas mismas técnicas de distracción. En la Grecia antigua vivió el precursor de todos ellos. Alcibíades era sobrino de Pericles y discípulo del filósofo Sócrates. Líder joven, consentido y muy inteligente, se convirtió en el ídolo de los atenienses. Cierta vez y sin motivo aparente mandó cortar la cola a un valioso perro de caza que había comprado por un precio exorbitante. Toda la ciudad se lanzó a conjeturar, opinar, condenar, indignarse. Alcibíades, tranquilo y risueño, confió a un amigo que, mientras los atenienses se preocupaban por el rabo de su perro, no se fijaban en su mal gobierno. Hoy vivimos inmersos en una sucesión de polémicas triviales que arden y se enfrían a velocidad vertiginosa. Demasiado a menudo caemos en la trampa y fijamos la atención en pantallas de humo creadas por individuos prestigiosos que no son sino prestidigitadores.

Malentendidos

Con frecuencia interpretamos en clave propia a los demás, de forma que muchas de nuestras discusiones son una pugna entre un par de malentendidos de los que ni siquiera llegamos a darnos cuenta. Es lo que enseña un cuento relatado en el *Libro de buen amor*. En tiempos remotos, los romanos no tenían leyes y solicitaron a los griegos consultar las suyas para inspirarse. Estos aceptaron con una condición: los romanos tendrían que probar primero su buen juicio debatiendo con un sabio. Para salvar la barrera lingüística, decidieron discutir por señas. El doctor griego abrió el diálogo levantando el dedo índice y el representante romano alzó tres dedos. A continuación el griego mostró la palma de su mano y el romano adelantó el puño. Entonces el sabio griego palmeó la espalda de su interlocutor, entregándole un ejemplar de sus leyes. "Dije que hay un solo Dios —explicó el doctor a sus colegas— y él respondió que son tres personas. Con la palma de mi mano le di a entender que Su Voluntad todo lo dirige y con su puño él contestó que tiene en su poder el mundo. Era un hombre sutil". "Me dijo que con un dedo me iba a sacar un ojo —explicó el romano a los otros miembros de la delegación— y yo con tres dedos le apunté a ambos ojos y a los dientes. Extendió la palma avisando que me apalearía hasta que me repicasen los oídos y yo lo amenacé con un puñetazo. Era un cobarde".

Conviene explicarse bien y escuchar con sumo cuidado, porque a menudo ponemos a la realidad el rostro de nuestras ideas. Ya decía Anaïs Nin que no comprendemos las cosas tal y como son, sino tal y como somos.

Los años de los tramposos

Algunos países europeos han falsificado sus finanzas. Parte de nuestra prosperidad en las últimas décadas era apariencia, puesta en escena, tramoya. Por eso, la crisis en la que estamos inmersos está resultando tan apocalíptica en su sentido original, pues en griego antiguo *apocalipsis* significaba "revelación".

Hemos revivido el episodio histórico de las "aldeas Potemkin", que nos devuelve al siglo XVIII, cuando la emperatriz rusa Catalina protagonizó un viaje fastuoso a Crimea organizado por su ministro Potemkin. A esa expedición invitó a la corte, a altos funcionarios y a diversos ministros extranjeros, que informarían a sus respectivos gobiernos del milagro ruso. Mientras el convoy descendía por el río Dniéper, mecido por el compás lento del agua y de las orquestas, los dignatarios veían un paisaje de pueblos alegres, acogedores y prósperos. No había ni una casa destartalada ni un campesino harapiento. Y es que los aldeanos de mal aspecto habían sido enviados al interior y las cabañas ruinosas estaban cubiertas por falsas fachadas de madera pintada de colores brillantes. Durante la noche, escuadrones de trabajadores abrían caminos decorativos y montaban falsos jardines que solo recibirían una mirada. Cuando la emperatriz había pasado, los verdaderos habitantes volvían melancólicamente a sus pobres casas. La riqueza era una ilusión fugaz ofrecida a unos espectadores crédulos.

Devueltos a la realidad, ahora comprendemos que durante estos años mucha gente apreciaba la verdad mucho más que el dinero. Por eso derrocharon el dinero y economizaron la verdad.

Remedios para el amor

Hace falta muy poco para enamorarse: ciertas ganas, un exceso de buena opinión sobre alguien, un pequeño grado de esperanza. Pero, si todo se malogra, la convalecencia suele ser larga. El poeta romano Ovidio, que era consciente, escribió un breve manual de supervivencia para hacer frente al rechazo, al abandono y a otros naufragios de amor.

Según Ovidio, cada cual debe colaborar en su propia liberación si le han decepcionado. El primer consejo es mantenerse activo, porque el amor retrocede ante la acción. También conviene evitar los lugares solitarios. Nada de rincones, que fomentan la pasión. Estarás triste si estás solo, nos dice Ovidio, pues la imagen de tu amante seguirá contigo. Por eso, la noche es más triste que el día. No hay que huir de la conversación, ni cerrar la puerta de casa ni esconderse entre tinieblas. Pero tampoco ayuda contar a todos el motivo de la ruptura y los agravios acumulados. Deja de quejarte, aconseja Ovidio, para que tu amante salga de tu corazón callando. El que dice a todo el mundo sin cesar: "No amo", es que ama. Ovidio asegura que viene bien volver una y otra vez sobre los defectos del ser amado y recordar bien todas sus malas pasadas. Porque lo más importante es apresurarse y no ir aplazando la cura de hora en hora. Quien hoy no puede menos podrá mañana. Todo amor encuentra razones y se alimenta con dilaciones. El principal obstáculo para olvidar es nuestra forma

146

de aferrarnos. Para Ovidio, tardamos en romper porque seguimos pensando que nos merecemos ser amados. El amor propio es la mayor complicación del amor a los demás.

El refugio del humor

Ahora que el optimismo está desacreditado, convendrá refugiarse en el humor. Pues, si el optimismo es, como lo definió Ambrose Bierce, "la doctrina según la cual todo es bello, incluido lo feo; todo es bueno, sobre todo lo malo; y todo está bien si está mal", el humor vendría a ser un pesimismo alegre adaptado a momentos de desilusión. Desde luego, es lo más jugoso que hay en nosotros. Literalmente. Porque la palabra *humor* está emparentada con *humedad* y significa "líquido". Se refería a los fluidos del cuerpo humano, en particular cuatro: la sangre, la linfa, la bilis y la bilis negra. Durante muchos siglos se creyó que el genio de cada persona estaba causado por sus jugos vitales, de ahí que el término llegase a su sentido actual.

La mejor clase de humor es el humor redentor, el que sin ser humillante nos hace humildes. El humor que se convierte en un acto de amor, no de amor ciego, sino de amor agudo y bien informado. Por eso, el principal mandamiento, si es que la hilaridad permite mandamientos, debería ser "Ríete de tu prójimo como de ti mismo". Porque riendo aligeramos nuestras cargas, comprendemos que la vida es un asunto grave pero no serio. Por otro lado, la única forma de quejarse que libera y seduce es el sentido del humor. A pesar de su nombre, supone un movimiento de la sensatez hasta el borde mismo del sinsentido, una deserción de la lógica hacia el bando del absurdo. Arrastrándonos hacia ese territorio fronterizo, nos masajea la mente y nos limpia los ojos con las lágrimas de la risa. Así aprendemos lo importante que son las tonterías.

Mentiras públicas

Ahora es el momento de mayor reputación internacional de la democracia. Negarle a alguien la condición de demócrata es, por lo general, denigrante. Incluso las peores dictaduras suelen organizar algún tipo de simulacro democrático. Sin embargo, la democracia no siempre ha disfrutado de tanta estima. Los griegos, que la inventaron y bautizaron, no eran tan unánimes como nosotros. Su detractor más influyente fue el filósofo Platón. Platón negaba el presupuesto básico de la democracia ateniense, formulado por el estadista Pericles con estas palabras: "Aunque solo unos pocos son capaces de dar origen a una política, todos somos capaces de juzgarla". En abierta discrepancia, Platón defendía que es absurdo someter las decisiones al voto de personas inexpertas. Es más, ni siquiera conviene que los ciudadanos sepan la verdad sobre la política. Según Platón, el Estado debe administrar las mentiras igual que el médico las medicinas. Escribió que los gobernantes están autorizados a usar el engaño en buena cantidad para beneficio de los gobernados: "La mentira, ¿no se volverá útil, tal como un remedio que se usa preventivamente?".

Platón inventó la teoría de las mentiras preventivas, hoy tan actual. Aún resuenan en nuestra memoria las mentiras que hemos padecido sobre armas de destrucción masiva o sobre la gravedad de la crisis inminente: mentiras para desatar o contener el pánico, mentiras que presuponían nuestra falta de criterio válido.

Nada nuevo. Porque, si a los gobernantes que Platón soñó se les pidiera sinceridad, dirían: "La verdad todavía tenemos que inventárnosla".

Ceguera

España es el país europeo donde la crisis ha abierto una brecha más grande entre ricos y pobres, según el Fondo Monetario Internacional. La desigualdad debería preocuparnos a todos por igual.

En la antigua Grecia, Aristófanes escribió una comedia sobre este asunto que nos persigue como un fantasma al acecho. Crémilo, el protagonista, es un humilde campesino indignado "al ver medrar a gentes trapaceras que logran el dinero injustamente, mientras muchos que son buenos lo pasan mal y son pobres". Solo hay una explicación: el dios de la riqueza tiene mala vista y no distingue a las personas honradas. Empiezan entonces unas delirantes aventuras para curarle la ceguera. En medio de los cómicos tejemanejes del protagonista, aparece la personificación de la Pobreza argumentando que a algunos el dinero los hace peores: "Mira a los políticos en las ciudades; cuando son pobres, son justos para el pueblo, pero, cuando se enriquecen con fondos públicos, en seguida se vuelven injustos". El final es regocijado y feliz, como solo puede serlo en el territorio de la imaginación: el dios recupera la vista y cumple el sueño igualitario del héroe. Aristófanes expresa aquí el ingenuo deseo de resolver los problemas económicos, pero también reconoce la doble cara —salvadora y corruptora— del dinero. Y, ante la seriedad del asunto, dispara la munición del disparate.

Multitudes

Los gobernantes siempre han buscado legitimación y aprobación pública en las multitudes que vitorean bajo sus palcos o en las manifestaciones que los aclaman. Hoy las redes refuerzan esta escenificación, difundiendo imágenes masivas y multiplicando sin pudor la cifra de asistentes. Los organizadores esgrimen con incurable facilidad el millón de personas, y pocos cuestionan los números más inverosímiles en el universo paralelo del ciberespacio, tan hambriento de excesos.

Los antiguos romanos ya celebraban homenajes multitudinarios, pero eran muy conscientes de la peligrosa euforia que provocaban en sus líderes. La puesta en escena más espectacular de Roma era el triunfo. Un general victorioso desfilaba conduciendo un carro de caballos, precedido por un largo cortejo de cautivos, tropas y el botín saqueado. Para rebajar la borrachera de éxito, en el carro del triunfador viajaba un esclavo que le susurraba: "Recuerda que no eres un dios". Durante la procesión triunfal de César, sus soldados lo insultaron llamándole "cabeza monda". Atacaban así la vanidad del personaje, que había perdido pelo desde muy joven y ocultaba su calvicie con *traslados*, arrastrando el pelo de la nuca hacia la frente. Esa ridiculización pública tenía una función terapéutica: los antiguos sabían que, a hombros de la muchedumbre, es difícil mantener los pies en el suelo.

La atracción del vacío

Nos aburrimos menos que en cualquier otra época, pero tenemos más miedo que nunca a aburrirnos, afirmó el filósofo Bertrand Russell. Quizá por eso llenamos nuestras vidas de tareas y planes hasta colmarlas. Nos inquietan los espacios vacíos como resquebrajaduras en el edificio de actividad que levantamos cada día. Una vaga impresión de culpa nos domina si, cuando los lunes llegamos al trabajo, no somos capaces de hacer a nuestros compañeros el relato de un ajetreado fin de semana. Preferimos la asfixia al vacío.

La sabiduría humana más remota nos desaconseja esa actitud. Hace unos veinticinco siglos el maestro chino Lao Tse escribió que torneamos la arcilla para hacer una vasija, pero que es el vacío interno lo que contiene aquello que vertemos dentro de ella; clavamos estacas para construir una cabaña, pero es el espacio interior lo que la hace habitable. El anciano maestro pretendía recordarnos que el vacío nos cobija, que nuestros actos necesitan espacio y calma para cuajar silenciosamente, igual que el manto de una nevada. El filósofo romano Séneca insistió en esa misma idea. Pensaba que deberíamos ser activos, pero no movernos de forma atropellada, conformándonos con un inquieto ir y venir. En la vida diaria recomendaba despojarse de la presión de las expectativas y de la excesiva excitación para aprender la lección del descanso. Séneca ironizó en sus escritos sobre el "ocio atareado"

154

y nos legó una frase incisiva: "No son ociosos aquellos a quienes sus placeres les dan mucho trabajo". Según el saber antiguo, si vaciamos nuestro tiempo, no nos pesará.

Una palabra tuya

Una simple palabra puede arreglarte el día o estropearlo, darte alas o hundirte. Algunas frases despectivas se hincan en el tejido de la memoria como una honda grieta de la autoestima. Las palabras cariñosas, en cambio, nos curan, nos reaniman, nos elevan. En psicología y pedagogía, este fenómeno recibe un nombre griego: efecto Pigmalión.

Cuenta la leyenda que el escultor Pigmalión se enamoró de una estatua suya de tamaño natural, y empezó a tratarla como a una mujer viva: hablaba con ella, pasaba horas a su lado, la abrazaba. La fuerza de su deseo conmovió a la diosa Afrodita, que dio vida a la escultura. Ese milagro se repite cotidianamente: lo que decimos a otras personas modela su actitud. El psicólogo estadounidense David McClelland llevó a cabo un curioso experimento escolar: realizó pruebas de inteligencia a chicos de entre siete y diez años. Después comunicó a los profesores los nombres de los alumnos más brillantes y prometedores. En realidad los había elegido al azar, pero al acabar el curso resultó que precisamente esos estudiantes consiguieron los mejores resultados. Las expectativas y la confianza de sus educadores, aunque sin base real, fueron decisivas. El lenguaje nos regala ese inquietante poder mágico: el hechizo de las palabras que, susurradas en momentos decisivos, enseñan a estrellarse o impulsan a volar.

Sestear

Exportamos palabras. Nuestra lengua tiene eco en otras lenguas. Hay términos españoles que se han instalado en idiomas extranjeros, por ejemplo *guerrilla, guerrillero, intransigente* o la expresión *quinta columna*. Una contribución más plácida es *siesta*, que se emplea en inglés y se comprende a lo largo y ancho del mundo. La expresión remonta a la hora sexta de los antiguos romanos, la más cálida del día, la de la verticalidad solar y la desaparición de las sombras. Porque en Roma se dividía la jornada diurna en doce horas entre el amanecer y el crepúsculo. Según la estación eran más largas o más cortas, no tenían una duración inmutable, consignaban la presencia o la ausencia de luz. Ahí tuvo su origen el verbo *sextear* o *guardar la sexta*, que después se transformó en *sestear* o *guardar la siesta*.

En los veranos meridionales, la siesta coincide con el momento en el que se busca refugio, en el que nada se mueve, en el que hasta los pájaros callan y el mar no chapotea porque se vuelve metálico bajo el peso del cielo. El calor adormece, trae ensoñaciones, pero provoca a la vez una brusca tensión de los sentidos. Por eso, los poetas romanos exploraron los placeres de esta pereza fogosa. Hasta entonces, el territorio de los amantes había sido la noche, pero Catulo y Ovidio aconsejaron la atmósfera envolvente de la penumbra cuando la luz es cegadora en el exterior. Para ellos, la iluminación más bella para el amor es esa sugerente media luz, nacida de los rayos que se filtran por las rendijas de las persianas, nítidos, con polvo dorado bailando en su interior.

Fortunas cambiadas

Las noticias sobre evasores de impuestos en islas exóticas sacuden cada cierto tiempo nuestra actualidad, demostrándonos que el gran dinero no tiene patria, sino paraísos.

En Atenas, las grandes fortunas debían financiar ciertos gastos públicos. Se les asignaba, por ejemplo, la tarea de construir y mantener un barco de guerra, o pagar un espectáculo teatral durante las fiestas, o bien gestionar el viaje de la delegación de atletas que participaba en los Juegos Olímpicos. Al asociar el prestigio de un individuo rico al funcionamiento de un servicio colectivo, entraba en juego el amor propio y la buena imagen. Aun así, los potentados atenienses intentaban escapar a esas cargas: falsificaban la declaración sobre sus propiedades rústicas y enterraban sacos de oro tratando de disimular su verdadera fortuna. Los legisladores atenienses aprobaron una medida ingeniosa contra la evasión de impuestos. Cualquier ciudadano podía señalar a otro más rico que estuviera ocultando su patrimonio y pagando menos impuestos que él. Entonces, el acusado tenía dos opciones, cada cual más temible. Podía confesar el engaño y responder por el fraude. Pero, si seguía mintiendo y afirmaba ser más pobre que su denunciante, tenía que aceptar una *antídosis*, es decir, el intercambio de fortunas y propiedades con él. Ya desde tiempos antiguos, los tributos causan tribulaciones.

Libertad condicional

De pequeños envidiamos a los mayores porque no obedecen a nadie. Tienen la fabulosa autoridad de mandar a los niños a la cama y el monopolio de trasnochar. Entran y salen sin que nadie los controle. Nos gustaría crecer deprisa para ser igual de poderosos. Cuando pasan los años, descubrimos ciertos inconvenientes de la mayoría de edad. Hay que ganarse la vida, madrugando y con mucho sudor de la frente. Las responsabilidades nos quitan el sueño. Entonces envidiamos a nuestros hijos, que se dedican a jugar, duermen como troncos y tienen vacaciones de tres meses. Ah, la infancia, esa época sin preocupaciones, el paraíso perdido.

De hecho, a ninguna edad hacemos lo que queremos. El poeta griego Alcmán escribió que dependemos de dos fuerzas primitivas llamadas Aisa y Poros. Aisa es lo que escapa a nuestro control: nacemos en un país concreto, en una familia precisa, con una determinada herencia en la carne, los huesos y los órganos. Poros, en cambio, nos da un pequeño margen de maniobra para construir nuestra suerte. Según Alcmán, esos dos duendes pululan siempre a nuestro alrededor. Aunque Poros nos deja alguna puerta entreabierta, Aisa nunca nos permite vivir como nos apetece. Siempre pensamos que hemos sido más libres en otras etapas de la vida, pero es una trampa del recuerdo. La memoria, ella sí, se toma libertades.

Locura danzante

Año tras año, celebramos el solsticio de verano con gestos muy antiguos: encendiendo hogueras y bailando junto al fuego. Las tradiciones festivas se parecen en todo el territorio que va desde Irlanda hasta Rusia y desde Suecia a España. A lo largo de esta inmensidad geográfica, nosotros —como nuestros antepasados— nos dejamos hipnotizar por la danza de las llamas en la noche de San Juan y arrojamos al fuego muebles viejos con la esperanza de quemar la mala suerte y los lastres del pasado.

Por estas fechas renace el deseo de bailar en las noches espléndidas del verano. Las crónicas históricas recogen un misterioso fenómeno de embriaguez musical propio de esta época del año: entre los siglos XIV y XVII, auténticas locuras danzantes invadían Europa. La pasión de bailar se apoderaba de la gente común y era sumamente contagiosa. Personas que vivían en laboriosas comunidades campesinas lo abandonaban todo por unos días para seguir a grupos errantes que recorrían los caminos de la Europa medieval bailando en nombre de San Juan. Y en la Italia del XVII se cuenta que hasta los viejos arrojaban las muletas al sonido de la tarantela y, como si corriera por sus venas una poción mágica, se unían a los extrañísimos bailarines. En algunos casos la locura danzante aparecía a intervalos regulares hasta el día de San Juan o de San Vito, en que, después de una última explosión, todo volvía a la normalidad. Estos inquietantes testimonios revelan el

161

embrujo del solsticio, cuando nos invade la alegría veraniega del sol y la desolación invernal acaba.

Aún aprendo

Somos seres hambrientos. Hambrientos de justicia, de amor, de conocimiento. Ninguna de estas ansias tiene edad. Desde muy pequeños, los niños quieren averiguar las causas y los motivos de las cosas. En cuanto superan la edad del llanto y los arrullos, aprenden a reclamar explicaciones: "¿Por qué?", y nos apabullan con ráfagas de preguntas. Nunca deberían perder esa avidez.

Como exploradores perpetuos, necesitamos construir cartografías mentales del mundo. La educación nace de un anhelo más profundo que el mero entrenamiento para trabajar. Lo demuestran los alumnos entusiastas de la Universidad de la Experiencia: personas ya en la madurez, casi todas jubiladas, que regresan a las aulas para nutrir su deseo de saber, sin el aliciente de ascensos o recompensas laborales. Y allí descubren que aprender es un placer inagotable y un vivero de salud. El griego Solón, uno de los Siete Sabios, fue tal vez el único poeta antiguo que se rebeló contra la erosión de los años. Poseía el don del asombro y la curiosidad. Escribió: "Envejezco aprendiendo". Siglos después, otro gran maestro lanzó el mismo mensaje. En uno de sus últimos dibujos, Goya retrató a un anciano encorvado —quizá él mismo— con barba blanca y dos bastones; sobre la imagen se lee: "Aún aprendo". Solón y Goya sabían que la búsqueda jamás termina, ni aunque seas un genio en el umbral de la muerte.

Latidos

Recordar es una palabra muy antigua; en latín significa "volver al corazón", porque un recuerdo es un instante revivido que de nuevo late y nos emociona. Los científicos actuales confirman esa vieja intuición: los sentimientos nos ayudan a conservar el pasado en la memoria, lo seleccionan, fijan la huella del tiempo atesorado, lo protegen del olvido. Si quieres que alguien te recuerde, emociónale.

Cuando se nos muere un ser querido, nos deja solos para albergar nuestros recuerdos comunes. Hay un peligro: las vivencias más recientes pueden dejar detrás un rastro en ciertos casos erróneo. En ocasiones la enfermedad o la vejez transforman a los que tanto nos quisieron. Los vuelven sombras, avatares cansados, fantasmas pálidos con solo destellos lejanos de su luz anterior. Los vemos cambiar y declinar paso a paso: olvidan, callan, dejan de escuchar, languidecen, se repiten, se empecinan, se aferran, caen en manías o bucean en océanos de angustia incomunicable. Porque no se encuentran bien. Sería triste quedarse solo con la imagen del último trecho, cuando las personas no son lo que eran, cuando ya no les quedan fuerzas y tampoco nos pueden querer con el desprendimiento de antes. Volviendo al corazón del pasado, nosotros, los vivos, aprendemos a difuminar el final y revivir sus mejores días. A veces se necesita olvidar algo para recordar mejor.

Frágil luz

En diciembre sentimos que la oscuridad está ganando la batalla. El sol, tan necesario para la vida, se ausenta cada vez más temprano, como un amante hastiado que ya ha decidido abandonarnos. Día a día, vence la noche. Desde hace milenios, la gente ha mirado al cielo en el solsticio de invierno temiendo que la luz se perdiera para siempre. Para aliviar la incertidumbre se celebraban fiestas bulliciosas que unían a la comunidad y auspiciaban el retorno del calor y la vida.

Hace milenios, durante la celebración del Nuevo Año en Babilonia, se recitaba el mito del origen del mundo: Tiamat, al frente de una horda de monstruos, retó al dios Marduk. Tras una desesperada lucha y una victoria al borde de la catástrofe, Marduk creó el cielo y la tierra. Los babilonios creían que ese combate no había sucedido solo una vez en el pasado: la creación del mundo era un proceso constante. La batalla contra la destrucción seguía en marcha, la civilización sobrevivía en una lucha continua y los seres humanos necesitaban seguir esforzándose para evitar el desastre. Al asomarnos a la aventura de un año nuevo, tal vez deberíamos reflexionar sobre la fragilidad de nuestras conquistas: el agua, el aire, la paz, los derechos, la democracia. Estas fiestas de la luz en los días oscuros nos recuerdan que, cuando percibimos la amenaza del caos y el ocaso, hacemos más caso a la esperanza.

Sosiego

Me gustan las palabras que evocan lejanos ecos del mar, del viento o del bullicio del mundo. Más aún cuando logran el milagro de la misteriosa afinidad entre sonido y significado, una disminución de la arbitrariedad del signo. *Sosiego* parece acariciarnos con sus consonantes sedosas, la abundancia vocálica y la suave oclusiva. Remite al susurro, a la suavidad, a la lentitud bien empleada. Su origen etimológico remonta, según el lexicógrafo Corominas, al latín vulgar *sessicare*, que significa "hacer reposar, descansar", y este a su vez al latín clásico *sedere* ("estar sentado"). Recuerdo aquella frase que escribió en el siglo XVII el filósofo Pascal: "Las desgracias del hombre derivan del hecho de no ser capaz de permanecer tranquilamente sentado y solo en una habitación".

En nuestros tiempos nerviosos, el desasosiego parece haber ganado la partida. Colonizados por pantallas e imágenes que estallan como fogonazos, dejamos caer en desuso el sosiego. En nuestro léxico proliferan las palabras donde late la angustia de los horarios imposibles y de un estrés crónico. Antítesis de la prisa, el sosiego es la condición previa del pensamiento y también la puerta de acceso a las aventuras espirituales o carnales. En un mundo atenazado por el vértigo y las noches oscuras, necesitamos volver a refugiarnos en la "casa sosegada" que soñó san Juan de la Cruz. Ha llegado el momento de convertir la serenidad en rebeldía.

La ruta de los cuentos

Siempre queremos oír una buena historia. De niños se la reclamamos a nuestros padres y si tenemos suerte la hacemos brotar de sus labios. Más adelante la buscamos en libros, en películas, en programas televisivos. Los periodistas son, en gran medida, narradores profesionales del presente, capaces de contarnos una gesta deportiva, un secuestro, un tiroteo o la persecución de un criminal como un relato que nos emociona y acaba importándonos realmente.

Los cuentos ensanchan la mirada. En Oriente los han usado durante siglos para buscar el rumbo en la vida. La medicina tradicional hindú aconsejaba ofrecer un cuento a las personas desorientadas, solas o angustiadas por un problema. El paciente atendía al relato y meditaba sobre él. No importaba que tuviese poco que ver con el conflicto que lo hacía sufrir. La historia servía, en primer lugar, para hacerle olvidar sus obsesiones. Además, los médicos hindúes sabían que narrando ayudaban a pensar. Una historia no es tan imperativa como un consejo, pero muchas veces puede alumbrar el camino. Es una invención, cierto, pero nos da la oportunidad de conocernos mejor a nosotros mismos. Miente, pero nos ayuda a adentrarnos en la verdad y a soportarla mejor. Los cuentos son mentiras, pero mentiras extrañamente sinceras.

Nadie puede decir cuándo o dónde se contó el primer cuento. Seguramente fue en las cavernas, mirando sin verla la danza de una hoguera. Las tribus primero, luego los poblados, después las ciudades y los imperios han poseído sus propias historias. Las culturas orientales fueron las más antiguas en ponerlas por escrito. Y así los cuentos empezaron a viajar. Los cuentos anónimos, que hablan por todos, han resultado grandes viajeros. Quien sabe una buena historia quiere que alguien más la oiga en seguida. "¿Sabes la historia del hombre verde? ¿Conoces el cuento de los amantes y el fantasma? Escucha". Y todos, intrigados, prestarían atención.

La gran riqueza de relatos indios fue refinada más tarde por los narradores islámicos, grandes bordadores de cuentos y de alfombras. Y España, territorio limítrofe, fue el puente de comunicación por el que los cuentos orientales llegaron a Occidente.

Ahora bien, siempre hay un pionero que descubre los lugares de paso, que abre camino y construye puentes. En este caso fue un judío aragonés. Lo primero que sabemos de él es que se convirtió al cristianismo en la ciudad de Huesca durante el mes de junio del año 1106. Entonces recibió el nombre de Pedro Alfonso de Huesca. Lo apadrinó el rey Alfonso I de Aragón, del que quizá era médico de cámara. Años después, Pedro Alfonso compró unos huertos en Zaragoza. Poco más se puede decir sobre este personaje, salvo que hablaba varias lenguas, le interesaba la ciencia y conocía países extranjeros.

Pedro Alfonso captó bien el pulso de su propia época, que es la condición previa de todo éxito. En el mundo occidental existía una gran avidez por conocer los tesoros culturales de los musulmanes. Pedro Alfonso se dio cuenta, seleccionó y tradujo treinta cuentos breves de origen oriental y con ellos consiguió fascinar a sus contemporáneos. Europa entera se rindió ante su libro, que se leyó de Barcelona a Cracovia, de Roma a Upsala y fue traducido a las grandes lenguas y a los pequeños dialectos de la época. Trajo a nuestro continente una muestra del exotismo y la gracia maliciosa de Oriente, cautivó a sus lectores con nuevas fórmulas: el cuento de cuentos, los cuentos de nunca acabar. Porque Pedro Alfonso se preocupaba por ser ameno. Sabía que la atención humana es frágil y que hay que seducirla pronto sin dejarla caer en el aburrimiento. El cuento debe dibujarse con la rapidez eléctrica y fulminante de un relámpago sobre el horizonte.

No sería exagerado decir que gracias a este viento de oriente el paisaje mental de los europeos cambió, o por lo menos el territorio de sus fantasías. Grandes autores coleccionaron y reescribieron las historias que había contado Pedro Alfonso: Boccaccio, Chaucer, Don Juan Manuel, el Arcipreste de Hita, Cervantes. La necesidad de soñar, de domeñar la vida y de vencer el aburrimiento había encontrado un nuevo vehículo.

La ruta de los cuentos pasó por aquí.

Discurso para el acto inaugural de la Feria del Libro de Zaragoza del año 2019

Buenas tardes. Bienvenidos todos y cada una. Feliz feria, autoridades. Feliz feria, autores, autoras, autónomos, autoeditores, autodidactas, autoestopistas (un poco de todo eso somos las gentes del libro). Felices quienes estáis aquí porque los libros os llaman con sus voces silenciosas, con su invitación muda, con su bullicio inaudible.

A los libreros, editores, escritores e instituciones que han confiado en mí, quiero expresarles mi asombrada gratitud. Me hace inmensamente feliz pregonar la alegría de esta fiesta en mi ciudad natal, junto al río Ebro y el río de libros que en estas casetas fluye y corre y serpentea.

El viejo nombre de Cesaraugusta incluye la palabra *gustar*. Zaragoza, la palabra *gozar*. No hace falta decir más: somos la ciudad de los placeres. Y eso incluye el gusto de leer y hacer libros.

Si, como dice el refrán, las palabras se las lleva el viento, aquí tenemos cierzo para todos los relatos del mundo. Nuestra ciudad figura desde siempre en el atlas de las letras viajeras, de los encuentros aventureros, de los mestizajes literarios, de las posibilidades infinitas.

Abrid un antiguo libro y podréis beber vino añejo en la mesa del poeta Marcial, que hace un par de milenios inventó el epigrama junto al Moncayo y se convirtió sin saberlo en el padre de todos los tuiteros de hoy.

Acompañaréis al viajero egipcio al-Qalqashandí, que describió Zaragoza (o, para ser exactos, Saraqusta) con palabras rebosantes de poesía: "La ciudad parece una motita blanca en el centro de una gran esmeralda —sus jardines— sobre la que se desliza el agua de cuatro ríos transformándola en un mosaico de piedras preciosas". Escucharéis por un momento los versos del rey poeta al-Muqtadir, el Poderoso, constructor de la Aljafería, a la que llamó palacio de la alegría.

Sentiréis que el suelo zaragozano vibra bajo el galope de los caballeros de la *Chanson de Roland* y el caballo del Cid. Podréis espiar al Marqués de Santillana, cuando se fijó en una moza atractiva cerca de Trasmoz y quiso camelarla con versos. El poema nos cuenta cómo ella, chica recia, muchos siglos antes del #MeToo, lo amenazó con una pedrada si se propasaba.

Voces de otros tiempos os hablarán de esta tierra sedienta, tierra de río grande, de frontera, de puentes y pasarelas, de mestizos y traductores. La frontera es el lugar donde se escuchan las voces procedentes del otro lado, donde se forja el entendimiento, donde convive lo extranjero junto a lo propio. Somos el eco del musulmán Avempace; del judío Ibn Paquda —que tituló su libro *Los deberes de los corazones*—; de los traductores de Zaragoza y Tarazona (Hermán el Dálmata, Hugo de Santalla); de los artistas mudéjares, que crearon belleza en el umbral de dos civilizaciones.

Acariciad libros y os transportarán a aquella Zaragoza donde aterrizó la imprenta, que fue una de las primeras capitales europeas en conocer el invento que cambiaría el mundo. Desembarcaron en la ciudad artesanos flamencos y alemanes, como Mateo Flandro y Jorge Cocci, que editó aquí algunos de los libros más bellos del siglo XVI. La fiebre de la letra impresa invadió el territorio. En el siglo XVII hubo veinte libreros y sesenta y tres impresores en Aragón, cifra asombrosa en España. Algunas maravillas de la literatura, como *La Celestina*, de Rojas, o el corrosivo *Buscón*, de Quevedo, vinieron a nacer entre nosotros. Las imprentas zaragozanas publicaban libros prohibidos en Castilla, libros perseguidos, libros deslenguados, libros que ardían fácilmente. Los rebeldes, los inconformistas, lo tenían un poco más fácil aquí.

Quizá por eso don Quijote puso rumbo a Zaragoza, y se miró en el Ebro, y soñó una ínsula, y soñó Sansueña. En Pedrola, el caballero y su escudero volaron hasta las estrellas a lomos de un caballo de madera con una clavija en la cabeza, y todo para auxiliar a unas doncellas barbudas. Es una de las aventuras más surrealistas del libro, y, si no, que baje Buñuel y lo vea. Cervantes comprendió que la nuestra es una ciudad imaginaria, una ciudad que cabalga entre constelaciones, una ciudad soñada.

A estas tierras vino Quevedo para casarse a la tierna edad de cincuenta y tres años. Poco duró el matrimonio, pero no se puede decir que el escritor no conociese aquí una gran pasión: se enamoró para siempre de las salchichas de Cetina; de ellas dijo que eran "celestiales".

María de Zayas, la primera mujer que firmó una novela en nuestra lengua, vivió en Zaragoza y por sus calles imaginó un frenesí de pasiones terribles y oscuras. Aquí situó alguna de sus ficciones, como *El jardín engañoso*, que es un enloquecido *ménage à quatre* con posesiones diabólicas incluidas.

Nuestra montaña mágica podría ser el Moncayo, que acunó a Gracián, como a Marcial, y sedujo a Machado. Hubo una vez un ilustrado polaco que imaginó el *Manuscrito encontrado en Zaragoza*, con sus sueños de la razón y sus monstruos. Y hubo también un seductor llamado Giacomo Casanova, que se decía descendiente de un tal Jacobo Casanova, zaragozano aventurero que ya apuntaba maneras, pues de él se cuenta que raptó a una monja de un convento y huyó con ella a Italia.

Y Goya, Bécquer, Verdi, Victor Hugo, Galdós, Baroja. Benito Pérez Galdós nos dedicó varios episodios: el nacional patriótico y otro más erótico en la novela *Fortunata y Jacinta*, cuando imaginó a Jacinta y Juanito persiguiéndose para besarse en la boca por los rincones solitarios de una traviesa Zaragoza durante su viaje de novios.

También en su luna de miel, algún oculto magnetismo trajo a Virginia Woolf a una pensión zaragozana. Desde esa habitación (que no era propia) escribió una larga carta a una lejana amiga inglesa. Dijo que estaba leyendo con ferocidad. Más adelante diría a su biógrafo que la desnudez y la belleza del paisaje la dejaron atónita. Cuántas veces pasearía por esta ribera la inolvidable María Moliner, bibliotecaria asombrosa, jardinera de palabras, discreta hortelana del idioma, que cultivó a solas un diccionario entero. Y en el párrafo final de su enorme obra se despidió diciendo: "La autora siente la necesidad de declarar que ha trabajado honradamente".

Cuántas veces se detendría aquí el cronista del alba, Sender, que nos contó la historia de la Quinta Julieta y de su primer amor, Valentina; y así cartografió para la literatura Torrero y Tauste.

Y cuántas veces miraría esta perspectiva de cielo abierto Miguel Labordeta, que desde el Café Niké fundó la Oficina Poética Internacional, donde hizo famosas sus pipas y el carnet de ciudadano del mundo. Leemos en sus versos que quería agarrar la luna con las manos, que dudaba a menudo, que solo estaba seguro de llamarse Miguel y de no haber aprobado ninguna oposición honorable al Estado. Cincuenta años después de su muerte lo seguimos añorando, como él mismo dijo: con sus pelos difíciles, con su ternura polvorienta, con su piojoso corazón.

Todos ellos, también ellas, han tejido nuestros sueños. Y los escritores vivos, demasiados para nombrarlos uno a una, aún siguen imaginando historias que se adhieren a la ciudad como rocío, como los espejismos del sol o como la hierba esmeralda entre las grietas del cemento. Estad tranquilos, aquí siempre hay

173

algún juntapalabras de guardia para inventar mares y lejanías que ensanchen nuestros horizontes.

La risa de Marcial, Jorge imprimiendo belleza, Baltasar en su Moncayo mágico, María en su jardín de palabras, el poeta Miguel intentando abrazar la luna, y otros tantísimos, han demostrado que aquí los libros nos importan. Que se puede viajar al País de las Maravillas y al Fin de la Noche desde cualquier sitio, también desde la plaza de los Sitios. Que las historias flotan a nuestro alrededor, son un cierzo que nos acaricia, nos revuelve el pelo y nos arrastra con su fuerza invisible.

Gracias a las palabras sobrevivimos al caos de vendavales que es el mundo. Aquí nos bebemos el viento, lo hacemos vibrar en las cuerdas vocales, lo acariciamos con la lengua, el paladar, los dientes o los labios; y de esa operación tan sensual nacen nuestras palabras. Los libros son nuestra manera de cabalgar huracanes.

En esta ciudad yo recibí el regalo del lenguaje y de los cuentos. No recuerdo la vida antes de que alguien me contase el primer cuento. Antes de que me enseñasen a bucear bajo la superficie del mundo, en las aguas de la fantasía. Durante esos años olvidados tuvo que ser duro —supongo— seguir una dieta tan estricta, solo realidad. El caso es que, cuando descubrí los libros, por fin pude tener doble, triple, séptuple personalidad. Y ahí empecé a ser yo misma.

Fui una niña a la que contaban cuentos antes de dormir. Mi madre o mi padre me leían todas las noches, sentado el uno o la otra en la orilla de mi cama. El lugar, la hora, los gestos y los silencios eran siempre los mismos: nuestra íntima liturgia. Aquel tiempo de lectura me parecía un paraíso pequeño y provisional —después he aprendido que todos los paraísos son así, humildes y transitorios—.

Y yo me preguntaba: ¿cómo caben tantas aventuras, tantos países, tantos amores, miedos y misterios en un fajo de páginas claras manchadas con rayas negras, con patas de araña, con hileras de hormigas? Leer era un hechizo, sí, hacer hablar a esos extraños insectos negros de los libros, que entonces me parecían enormes hormigueros de papel. Después aprendí yo misma la magia de leer patas de araña. Qué maravilla entonces acompañar a mis padres a las librerías y elegir mis propios libros: flores de papel, cordilleras plegables, letras minúsculas, mares mayúsculos, planetas portátiles. No había ya vuelta atrás. Desde entonces tengo que zambullirme a diario en el océano de las palabras, vagar por los anchos campos de la mente, escalar las montañas de la imaginación.

Como escribió Ana María Matute: "El mundo hay que fabricárselo uno mismo. Hay que crear peldaños que te saquen del pozo. Hay que inventar la vida porque acaba siendo de verdad". Los gatos, con sus famosas siete vidas, son solo principiantes, meros aprendices. Quien lee tiene a su disposición cientos, miles de vidas. Varias en cada libro.

Esta feria del libro que hoy empieza quiere acogernos a todos (incluidas nuestras vidas paralelas en otras dimensiones). Acoger a la gran comunidad que formamos los viajeros y las exploradoras del universo mágico de las ficciones.

Acoger a las librerías, claro: las que resisten, las nuevas —también cobijar el recuerdo de las que han cerrado—. Acoger, por supuesto, a la gente lectora. La que curiosea, la que colecciona marcapáginas, la que pregunta, la que pide una dedicatoria. La que se tiene que rascar el bolsillo, y por eso compra libros de bolsillo. La gente menuda y grande que, además de bocadillos de jamón, merienda bocadillos de tebeo.

Sin olvidar a los hombres y mujeres (cada vez son más las mujeres) que vuelcan su talento en todos los oficios del libro: novelistas, poetas, ensayistas, editoras, traductoras, ilustradoras, maquetadoras, correctoras, distribuidoras, libreras, críticas literarias, bibliotecarias, bibliófilas, cuentacuentos y narradoras orales, amigas de los clubs de lectura.

Acoger a los niños de todas las edades. A los zaragozanos de todo el mundo. A los que aquí nacen o pacen. A los viajeros que recalan en esta tierra de paisajes inhóspitos y gente hospitalaria. A las personas de palabra. A los ciudadanos de varios universos.

Disfrutad, cesaragustaos, zaragozad. Aquí encontraréis páginas donde bullen historias, versos, conocimiento, anécdotas, esperanzas, laberintos, desengaños, misterios, sueños. Es decir, placeres a nuestro alcance. Como escribió un poeta argentino, los libros se pulen como diamantes y se venden a precio de salchichón. O, como diría Quevedo, al precio de las celestiales salchichas de Cetina.

Y acabo ya con unas últimas palabras y una memoria emocionada. Es maravilloso encontrar los libros en la calle, los lunes y los martes y los viernes al sol. Durante muchos siglos permanecieron guardados en los palacios de los ricos, en los grandes conventos, en las mansiones más suntuosas, en los pisos principales de las casas nobles. Eran emblema de lujo y privilegio. Las bibliotecas solían ser estancias en mansiones con techos pintados y escudos heráldicos. Exigían un conjunto de accesorios básicos: muebles de madera con volutas y puertas acristaladas, escaleras de mano, atriles giratorios, enormes mapamundis, mayordomos con plumero.

Hoy hemos quitado los cerrojos a los libros y les hemos calzado zapatos cómodos. Los hemos traído a la plaza, donde nadie tiene negado el acceso. Esto no ha sucedido por arte de magia. Es la cosecha de años de educación y transformaciones sociales. En escuelas. En institutos. En universidades. En bibliotecas ciudadanas y rurales. Desde las Misiones Pedagógicas a los clubs de lectura. Desde las instituciones públicas a los dormitorios donde los niños cierran los ojos acunados por un cuento de buenas noches. Ha sido un gran esfuerzo colectivo.

Tres de mis abuelos fueron maestros rurales. Conocieron una época en la que no todos aprendían a leer, y mucho menos podían tener libros. Ellos, mis dos abuelos y mi abuela, se ganaron la vida humildemente enseñando las letras, las cuatro cuentas y muchos cuentos. Quiero recordar a la gente de esa generación, que vivió los años duros de guerra y posguerra, y tuvo que trasplantar sus esperanzas a la vida de sus hijos y nietos.

Nos quisieron más listos, más libres, más sabios, más lectores, más viajeros, con más estudios que ellos. Nos enseñaron que la cultura no es adorno sino ancla. Se vieron obligados a podar sus ilusiones, pero regaron las nuestras. Nos animaron a crecer, a leer y a levantar el vuelo.

Somos su sueño.

Por eso, por ellos, por nosotros, por el futuro, bienvenidos todos, bienllegadas todas, a la feria de las dobles y las triples vidas. A la feria de los libros y de los libres.

Nota

Además de ciento veintiséis columnas publicadas en *Heraldo de Aragón*, este volumen recoge tres textos que la autora ha considerado oportuno incluir: "Sosiego", su contribución al artículo "Palabras en desuso rescatadas por escritores y *WMagazín* para darles una segunda vida (y 2)", publicado en *WMagazín* el 6 de noviembre de 2019; "La ruta de los cuentos", un artículo sobre el escritor oscense Pedro Alfonso que se publicó en *Heraldo de Aragón* el 17 de agosto de 2010; y, por último, el discurso que pronunció el 31 de mayo de 2019 en el acto inaugural de la Feria del Libro de Zaragoza.

Índice

El futuro recordado de Irene Vallejo
se terminó de imprimir en octubre de 2022
en los talleres de
Litográfica Ingramex, S.A. de C.V.
Centeno 162-1, Col. Granjas Esmeralda, C.P. 09810
Ciudad de México.